みんなで考えよう

# 世界を見る目が変わる50の事実

50 Facts
That Should Change
The World : for Kids

ジェシカ・ウィリアムズ
酒井泰介◎訳　朝倉めぐみ◎絵

草思社

50 FACTS THAT SHOULD CHANGE THE WORLD: for Kids
by
Jessica Williams


Japanese translation published by arrangement with
Icon Books Ltd. c/o The Marsh Agency Ltd.
through The English Agency (Japan) Ltd.

# はじめに

　みなさん、この本を手に取ってくださって、どうもありがとう。

　『世界を見る目が変わる50の事実』を若者《わかもの》向けに編《あ》みなおしたい、と聞いて、日本の若者《わかもの》に興味《きょうみ》をもってもらえるなんてすばらしいわ、と胸《むね》がおどりました。

　50の事実の中には、衝撃《しょうげき》的なもの、読みながら怒《いか》りがこみ上げるものもあるでしょう。この本を書きはじめたとき、わたし自身、とても悲しくなることもありました。世の中はなんて残酷《ざんこく》なんだろう、こんなことを読者に知らせてなんになるのだろう、と。

　でもこの本のどれかひとつでも、あなたが世界のことを考えるきっかけに、ささやかな行動に踏《ふ》みだすきっかけになってくれたら、と、わたしは自分に言い聞かせました。自分なんかに、たいしたことはできやしないと思うかもしれません。だけれど、たとえ小さな一歩でも、みんなが力を合わせれば、大きな変化が起こせる。わたしは心からそう信じています。

　その力に、いま多くの人が気づきはじめています。この本がイギリスで刊行《かんこう》されたのは、2004年のはじめ。その後に起きた変化は、目をみはるものでした。

ここイギリスでは、世界をよくするために小さな行動に踏《ふ》みだそうと呼《よ》びかけるテレビ番組、本、記事などが相次ぎました。お店で「袋《ふくろ》はいりません」と言っても、もう店員さんがけげんな顔をすることはありません。リサイクルセンターが全国にできて、環境《かんきょう》問題や世界の貧困《ひんこん》問題について、政治家《せいじか》に真剣《しんけん》に問うようになりました。一人ひとりに世の中を変える力があるという思いが、ふいに大きな支持《しじ》を得たのです。なんてすばらしいことでしょう。

差《さ》し迫《せま》った問題はたくさんあります。世界にこれほど大きな不平等や不公平があることは、最大の問題のひとつです。豊《ゆた》かな国と貧《まず》しい国の差だけでなく、同じ国の中でも貧富《ひんぷ》の差が広がっています。わたしはこれがあらゆる問題の根っこなんだと確信《かくしん》しています。

なんとか不平等を減《へ》らすことができれば、世界はずっと幸せで安全な場所になるでしょう。ではどうしたらいい？　それをみなさんにも考えてほしいのです。

この本をきっかけに、学校で、家族で、話し合ってみてください。募金《ぼきん》をするのもいい。応援《おうえん》したい運動が見当たらなかったら、自分で始めてもいいのです！

わたしが十代のころ、世界はいまにも核《かく》戦争がおこりそうな状況《じょうきょう》でした。もし核《かく》攻撃がはじまれば、どこにいても巻《ま》きこまれてしまいます。わたしは、どうして世界をこんな危険《きけん》にさらすの？　と大人たちを責《せ》めたい気もちでいっぱいでした。

いまその大人のひとりになりましたが、わたしは少女のときに感じた不安を忘《わす》れていません。だから、あなたがこの本を手に取ってくれたことが、ほんとうにうれしいのです。

あなたたちは、未来です。大人になれば、あなたは社会のあり方を変えるために、大きな役割《やくわり》を果たせるようになります。その日のために、この本でふれた事実について、もっと深く学んでください。知れば知るほど、あなたの力になるはずです。世界はすごいスピードで変わりつつありますが、世界を変えていくのはあなたたちなのです。

アメリカの文化人類学者マーガレット・ミードは、とても有意義《ゆういぎ》な言葉を残しています。

「思いやりがあり、行動力がある人びとは、たとえ少人数でも世界を変えられる。実際《じっさい》、それだけがこれまで世界を変えてきたのですから」

この言葉がいつまでも真実でありつづけるために、できるだけのことを、さあ、ご一緒に。

２００７年３月　ロンドンにて

ジェシカ・ウィリアムズ

# 目次

はじめに——1

1 日本女性の平均寿命は85歳。ボツワナ人の平均寿命は34歳——8

2 肥満の人の3人に1人は発展途上国に住んでいる——11

3 先進国で最も妊娠率が高いのは、アメリカとイギリスの十代——14

4 中国では4400万人の女の子が生まれてこなかった——17

5 ブラジルには軍人よりも化粧品の訪問販売員のほうがたくさんいる——20

6 世界の死刑執行の81%はわずか3カ国に集中している。中国、イラン、アメリカである——23

7 イギリスのスーパーマーケットは政府よりもたくさんの個人情報をもっている——26

8 EUの牛は1日2・5ドルの助成金を受け取る。1年貯めると世界旅行ができる——29

9 同性愛は70カ国以上で違法、9カ国で死刑になる——32

10 世界の5人に1人は1日1ドル未満でくらしている——35

11 ロシアで夫や恋人に殺される女性は、毎年1万2000人以上——38

12 2006年、なんらかの形成外科手術を受けたアメリカ人は1620万人——41
13 地雷によって、毎時間1人は死傷している——44
14 インドでは4400万人の子どもが働かされている——47
15 先進国の国民は、1年間に7キロの食品添加物を食べている——49
16 タイガー・ウッズが帽子をかぶって得るスポンサー料は、1日あたり5万5000ドル。その帽子を作る工場労働者の年収38年分——52
17 アメリカで摂食障害を患っている女性は700万人、男性は100万人——55
18 イギリスの15歳の約半数はドラッグ体験がある——58
19 ワシントンDCで働くロビイストは6万7000人。連邦議員1人に対し125人——60
20 自動車は毎分、2人を殺している——63
21 1977年以降、北米の中絶病院では8万件近い暴力事件や騒乱がおきている——66
22 マクドナルドの黄色いMのマークがわかる人は88%、キリスト教の十字架はたった54%——68
23 ケニアでは家計の3分の1がわいろに使われる——71
24 世界の違法ドラッグの市場規模は4000億ドル。製薬市場とほぼ同じ——74
25 アメリカ人の3人に1人は、エイリアンがすでに地球に来ていると信じている——77

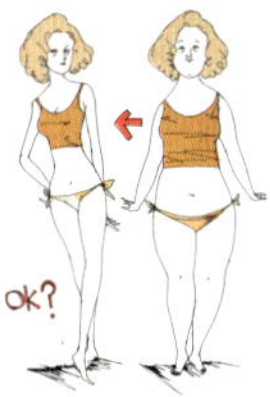
ok?

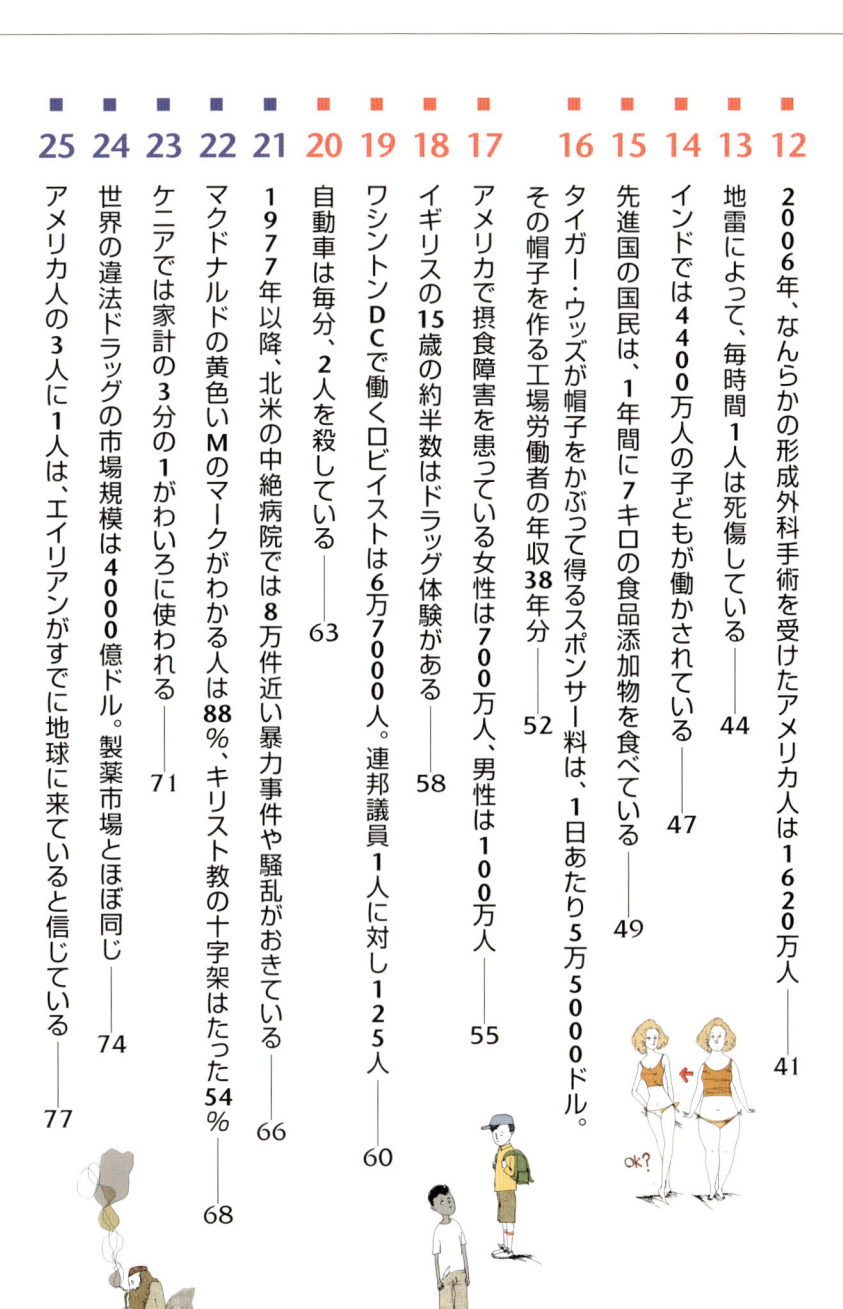

26 拷問は150カ国以上でおこなわれている 80
27 世界では7人に1人が日々飢えている 83
28 アメリカで生まれる黒人の男の子の3人に1人は刑務所に送られる 86
29 世界で3人に1人は戦時下にくらしている 89
30 2040年に原油は枯れてしまうかもしれない 92
31 世界の喫煙者の82%は発展途上国の国民 94
32 世界の人口の70%以上は電話を使ったことがない 97
33 近年の武力紛争の4分の1は天然資源がらみ 100
34 アフリカのHIV陽性患者は約2500万人 103
35 毎年、10の言語が消滅している 106
36 武力紛争による死者よりも自殺者のほうが多い 109
37 アメリカで、銃をもって登校し退学になる生徒の数は、平均して週に88人 112
38 世界には「良心の囚人」が少なくとも30万人いる 115
39 毎年、200万人の女性が性器切除される 118
40 世界中の紛争地帯で戦う子ども兵は30万人 121

41 イギリスでは総選挙の投票者数よりも、テレビ番組でアイドル選びに投票した人のほうが多い――124
42 アメリカのポルノ産業の規模は年間100億ドル。海外援助額と同じである――127
43 2005年、アメリカの防衛費は約5181億ドル。「ならず者国家」7カ国の防衛費総計の36倍――130
44 世界にはいまも2700万人の奴隷がいる――133
45 アメリカ人が捨てるプラスチック・ボトルは1時間に250万本。並べると、3週間で月に達する――136
46 ロンドンの住民は、監視カメラで1日300回撮影される――139
47 毎年、西欧向けに人身売買される女性は12万人――142
48 イギリスで売られるニュージーランド産キウイは、その重量の5倍の温室効果ガスを排出している――145
49 アメリカは国連に10億ドル以上の未払い金がある――148
50 貧困家庭の子どもは、豊かな家庭の子どもにくらべて、3倍も精神病にかかりやすい――151
典拠資料――157
地図――158

編集部注　本書では1ドルを116円で計算しています。

# 1

# 日本女性の平均寿命は85歳。ボツワナ人の平均寿命は34歳

## ●ローマ人は20歳《さい》を過《す》ぎたら老人《ろうじん》？

2000年前のローマ時代の人たちは、どれくらいの寿命《じゅみょう》だったと思う？　たったの22歳《さい》だった。それから1500年後の中世のイギリスでも33歳《さい》。その時代に生まれていたら、君たちはあと10年か20年しか生きていられなかった。短すぎるよね。

昔は飢《き》饉《きん》や伝染病《でんせんびょう》が人びとの命を奪《うば》った。ペストという伝染病《でんせんびょう》でヨーロッパの人口の4分の1が死んでしまったこともある。

でも上下水道《じょうげすいどう》が整備《せいび》され、衛生状態《えいせいじょうたい》がよくなる

と、病気で死ぬ人も少なくなった。18世紀の産業革命《かくめい》で人びとが豊《ゆた》かになると、飢《う》える人も減《へ》った。その結果、この２００年間で人類の寿命《じゅみょう》はなんと2倍にのびたんだ。

## ●世界でいちばん寿命《じゅみょう》が長いのは日本人女性《じょせい》

日本人女性《じょせい》の平均寿命《へいきんじゅみょう》は85・5歳《さい》だ。毎年3カ月寿《じゅ》命《みょう》が延《の》びているというから、60年後には平均寿命《へいきんじゅみょう》が１００歳《さい》になるかもしれない。

一方でアフリカでは寿命《じゅみょう》がどんどん短くなっている。たとえばボツワナという国の赤ちゃんは34歳《さい》までしか生きられない。日本人の寿命《じゅみょう》のなんと半分以下だ。２０１０年には27歳《さい》になると予測《よそく》されている。どうしてこんなにちがうのだろう。

## ●エイズと貧困《ひんこん》が寿命《じゅみょう》を縮《ちぢ》める

かれらの寿命《じゅみょう》が短い理由は、エイズと貧困《ひんこん》、不《ふ》衛生《えいせい》な環境《かんきょう》にある。アフリカではエイズにかかる人が増《ふ》えつづけ、今後死者は数百万人になるといわれている。

エイズの治療《ちりょう》をするにはとてもお金がかかる。1人あたりの治《ち》療費《りょうひ》は1年間に300万円。だからそのお金を教育や病気の予防《よぼう》に回そうという人たちもいる。要するにもう死んでしまう人たちにではなく、まだ健康な人たちにお金を使おうという意見だ。

現実《げんじつ》には病院にエイズの人たちがあふれている。君ならどちらにお金を回す？

**考えてみよう**

世界のおもな国の平均寿命《へいきんじゅみょう》を調べてみよう。寿命《じゅみょう》が短い国の死《し》因《いん》はなんだろうか。どうしたらみんなが長生きできるだろうか。

# 2

# 肥満の人の3人に1人は発展途上国に住んでいる

## ●タバコより大きい肥満《ひまん》の害

新聞や雑誌《ざっし》の広告を見ると「ダイエット」の文字が踊《おど》っている。みんなやせたいと必死なんだ。世界には飢《う》えている人たちがたくさんいるというのに。

いま世界では3億人以上の人が肥満《ひまん》だという。肥満《ひまん》は心臓《しんぞう》病や糖尿《とうにょう》病、高血《こうけつ》圧《あつ》などおそろしい慢性《まんせい》病をひきおこす。1990年代、アメリカでは肥満《ひまん》から来る病気に使われたお金は、タバコがひきおこす病気のなんと2倍にもなった。

最近「メタボリックシンドローム」という言葉がさかんに使われているよね。太りすぎから来る慢性《まんせい》病を国をあげて予防《よぼう》しようとしているんだ。

## ●先進国は「食の大量虐殺《ぎゃくさつ》者」

でもおどろいちゃいけないよ。世界で太っている人のうち、3分の1は発展途上国《はってんとじょうこく》の貧《まず》しい人たちなんだ。貧《まず》しくて太る、これはどういうことだろう？

じつは先進国から糖分《とうぶん》たっぷりの加工食品や脂肪分《しぼうぶん》の多い肉がたくさん輸入されて、地元でとれる魚よりも安く買えてしまう。しかもこの肉は、豊《ゆた》かな先進国ではペットフードや肥料《ひりょう》に使われるようなものだ。それを途上国《とじょうこく》の人びとに売りつけている。

太平洋諸島《しょとう》ではとくに肥満《ひまん》が深刻《しんこく》だ。サモアの大臣は、安い輸入肉《ゆにゅうにく》のことを「富裕国《ふゆうこく》が貧困《ひんこん》国《こく》に押しつけるジャンクフード」と非難《ひなん》した。フィジーはついに一部の肉の輸入《ゆにゅう》を禁止《きんし》した。安い食品を輸出《ゆしゅつ》している先進国は、消費者がほしがるものを安く売ってどうしていけないのかと主張《しゅちょう》するのだが、君はどう考える？

## ●昔ながらの食生活をとりもどせ！

途上国《とじょうこく》の肥満《ひまん》をなくすには、人びとを啓蒙《けいもう》する、つまりより健康的な食事や生活のしかたを

教えなければならない。もうひとつは、健康な食生活ができるように、経済《けいざい》的な問題を解《かい》決《けつ》しなければならない。

ＷＨＯ（国連世界保健機関《こくれんせかいほけんきかん》）は、トンガという国を例にとり、昔からつづいていた農業や漁業を発展《はってん》させれば、健康的でお金がかからないかつての食生活をとりもどせると言っている。国民の健康を真剣《しんけん》に考えるのも国の仕事のひとつだ。

**考えてみよう**

肥満《ひまん》にはどんな問題があるだろう。健康的な食事や生活とはどういうものだろう。

# 3

# 先進国で最も妊娠率が高いのは、アメリカとイギリスの十代

## ●妊娠《にんしん》した十代の半分は出産する

『14才の母』というテレビドラマが話題になったよね。十代で妊娠《にんしん》する女の子は、世界で毎年１２５万人。そのうちの半数以上の女の子たちは赤ちゃんを生む。

十代の妊娠《にんしん》が最も多いのはアメリカだ。十代の女性《じょせい》１０００人のうち52人が出産を経験《けいけん》する。日本は１０００人中５人だから、いかにアメリ

カで十代の母親が多いかわかるよね。アメリカについで多いのはイギリス。1000人あたり31人が出産する。

十代で母親になるとどういう問題がおこるだろう？　調査《ちょうさ》した結果、彼女《かのじょ》たちの多くが貧《まず》しい家庭の出身だった。すると、きちんとした環《かん》境《きょう》で子育てができない。学校も中退《ちゅうたい》しなくてはならない。いい仕事にも就《つ》けないから貧《まず》しい状態《じょうたい》から抜《ぬ》け出《だ》せない。そうして彼女《かのじょ》たちの子どもも、また貧困《ひんこん》家庭で育つことになる。貧困《ひんこん》の連鎖《れんさ》が生まれてしまうんだ。

## ●なぜイギリスとアメリカは誤《あやま》ってしまったのか

世界で最も豊《ゆた》かな国であるはずのアメリカとイギリス。この2つの国で、なぜこんなにも十代の妊娠《にんしん》が多いのだろう？　それには文化や政治《せいじ》の問題を考えなければならない。

イギリスはもともと性《せい》に対して解放《かいほう》的な国だ。新聞にはトップレスの女性《じょせい》の写真が堂々とのっている。テレビ番組もかなりどぎつい。なのに、学校できちんとした性教育《せいきょういく》をおこなうことには根強い反対がある。セックスは「みだら」なことだから教えるべきではない、と考える

人たちがいるのだ。

アメリカにも性教育《せいきょういく》を義務《ぎむ》づける法律《ほうりつ》がない。ブッシュ大統領《だいとうりょう》は一貫《いっかん》して、性教育《せいきょういく》とは「禁欲《きんよく》」を教えることだと主張《しゅちょう》している。避妊《ひにん》や性病《せいびょう》の予防法《よぼうほう》なんか教えないで「禁欲《きんよく》」させろ！　というわけだ。しかし調べてみると「禁欲教育《きんよくきょういく》」にはなんの効果《こうか》もなかった。

ある十代の女の子は「セックスは〝しなければならないこと〟、避妊《ひにん》は〝違法《いほう》なこと〟みたいに感じるんだよね」と言った。この発言のどこがおかしいか、わかるよね？

世の中はどんな選択《せんたく》も自由であるように見える。ただ、正しい知識《ちしき》がないと、こういう誤《あやま》った罪悪感《ざいあくかん》をもってしまう。セックスや避妊《ひにん》、妊娠《にんしん》について正面から話し合うべきときが来ている。

**考えてみよう**

もし君自身または君の彼女《かのじょ》や友人が妊娠《にんしん》したらどうする？　そのとき、周りでどんなことがおこるだろう？　考えられるいいこと、悪いことをあげてみよう。

# 4

# 中国では4400万人の女の子が生まれてこなかった

## ●毎日16人の女性《じょせい》が持参金不足で殺される

中国では将来《しょうらい》5000万人もの男性《だんせい》が、結婚《けっこん》相手を見つけられなくなるといわれている。5000万人も男性《だんせい》のほうが多くなってしまうんだ。なぜだろう？

それは人びとが女の子より男の子をほしがったから。中国では2000年に女の子100人に対して、男の子は118・5人も生まれている。この男女比《ひ》はますます拡《かく》

大《だい》している。インドや東南アジアでもこの傾向《けいこう》は強い。

なぜ男の子がほしいかといえば、男の子は働いてかせいでくれるけれど、女の子は結婚《けっこん》して家を出てしまうから。家族の面倒《めんどう》を見ない女の子にお金をかけたくないというのが本音らしい。

インドでは女の子に持参金をつけて結婚《けっこん》させる慣習《かんしゅう》がある。持参金が少ないと女性《じょせい》は嫁《とつ》ぎ先でいじめられる。そのせいで、1日あたり16人もの女性《じょせい》が殺されているんだ。こうした悪しき慣習《かんしゅう》も、女の子はほしくないという傾向《けいこう》に拍《はく》車《しゃ》をかけている。

## ●「透明《とうめい》児童」の将来《しょうらい》はいかに？

これらの国ぐにでは、妊娠《にんしん》しても性別診断《せいべつしんだん》で胎児《たいじ》が女の子だとわかると、中絶《ちゅうぜつ》してしまう。生まれてすぐに殺されてしまうこともある。インドのある地区では赤《あか》ん坊《ぼう》に熱くてからいチキンスープを飲ませたりする。もちろん死んでしまう。けれど親は事故《じこ》だって言《い》い張《は》るそうだ。なんて残酷《ざんこく》なんだろう。

病気になっても、男の子なら病院につれていってもらえる。実際《じっさい》、病院に行けば助かるのに、病気で死ぬ女の子はとても多い。ある調査《ちょうさ》では、インドで下痢《げり》で死ぬ率《りつ》は、女の子のほうが男の子より2倍も高かった。

中国では人口を増《ふ》やさないために「一人っ子政策《せいさく》」がとられている。子どもは夫婦《ふうふ》に一人までと国が制限《せいげん》しているのだ。2人めは規則違反《きそくいはん》だから、親は生まれても役所に届《とど》け出《で》ない。こうした戸籍《こせき》がない子どもは「透明《とうめい》児童」と呼《よ》ばれている。かれらは学校へ行くこともできない。公的な援助《えんじょ》も受けられない。透明《とうめい》児童がどれくらいいるかはよくわかっていないけれど、届《とど》け出《で》るなら男の子と考える人たちは多いだろう。

女の子を差別する風習の問題は根深い。

**考えてみよう**

日本には女の子より男の子のほうを重んじる風潮《ふうちょう》があるだろうか？　身近な例を調べてみよう。

# 5

# ブラジルには軍人よりも化粧品の訪問販売員のほうがたくさんいる

## ●世界では11兆円もの化粧《けしょう》品が売れている

ちょっと想像《そうぞう》してみてほしい。数十万人ものきれいにメイクをした女性《じょせい》たちが、いままさにドアのチャイムを押《お》そうとしている。

これはブラジルの話。この国には、化粧《けしょう》品会社エイボンの訪問販売《ほうもんはんばい》員、エイボン・レディが100万人もいる！　ブラジル軍の兵士が28万7200人だから、兵士の数よりエイボン・レディのほうが多いんだね。

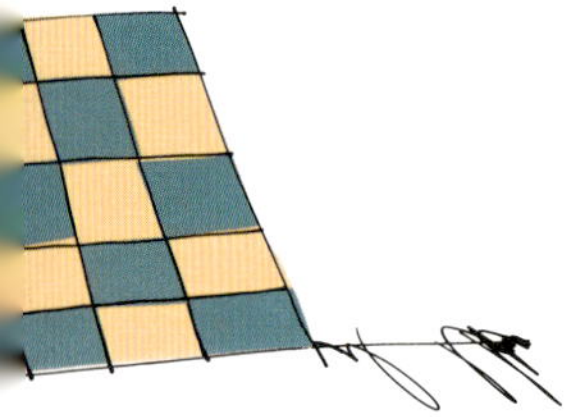

いま世界的に美容《びよう》業界は景気がいい。世界の化粧《けしょう》品の売上は９５０億ドル（約11兆円）にも達する。人びとが化粧《けしょう》品にお金をかけるのは、もちろん外見がいいほうがなにかと得をするからだ。さえない男はカッコいい男より15％収入《しゅうにゅう》が少ないし、太った女性《じょせい》はふつうの女性《じょせい》より収入《しゅうにゅう》が５％低いという。君たちだって感じることはあるよね。美人や美男子は得だなって。

でも人が美しくなろうとするのは経済《けいざい》的な理由だけではない。化粧《けしょう》品の広告には、女性《じょせい》の強さや自立が強調され、「あなたにはそれだけの価値《かち》がある」という「ガール・パワー・メッセージ」がこめられている。自分をみがいて、最高の自分になりたい、と君も思っていないだろうか？　そのために化粧《けしょう》をしようというメッセージだ。

## ●ジャングルで化粧《けしょう》品を売る女性《じょせい》たち

ブラジルでは外見が優先《ゆうせん》される。「見栄っぱり」という言葉はほめ言葉だという。自分自身を美しく見せるために努力を怠《おこた》らない人は立派《りっぱ》だとみなされるから、化《け》粧《しょう》品にもお金をかける。

それだけじゃない。エイボンの化粧《けしょう》品で、ブラジルの女性《じょせい》たちのくらしも向上した。訪問販売《ほうもんはんばい》員には学歴も資格《しかく》もいらない。いままではお金もちの家でメイドとして働くしかなかった女性《じょせい》たちが、エイボン・レディとして自立して働けるようになった。仕事で成功して、かなりの収《しゅう》入《にゅう》を得る女性《じょせい》も現《あらわ》れた。

エイボンが訴《うった》えた強い女性《じょせい》、「ガール・パワー」の最高のモデルはブラジルにいる。アマゾンのジャングルをカヌーでこぎ進みながら、制《せい》汗剤《かんざい》や口紅《くちべに》を売りさばくエイボン・レディたち。彼女《かのじょ》たちこそが「ガール・パワー」そのものである。

**考えてみよう**

女性《じょせい》が誇《ほこ》りをもって自立して生きるにはどんな仕事があるだろうか。

## 6

# 世界の死刑執行の81%はわずか3カ国に集中している。中国、イラン、アメリカである

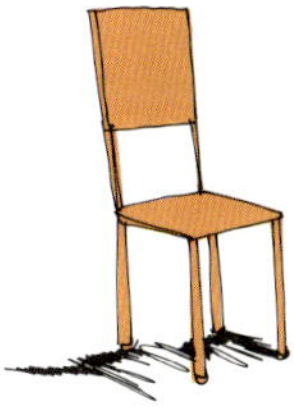

### ●死《し》刑制度《けいせいど》をやめる国、実施《じっし》する国

アムネスティという団体《だんたい》の名前を聞いたことはあるかな？　人びとの生きる権利《けんり》を守るために世界で活動している人権保護団体《じんけんほごだんたい》だ。死刑制度《しけいせいど》の廃止《はいし》も訴《うった》えている。

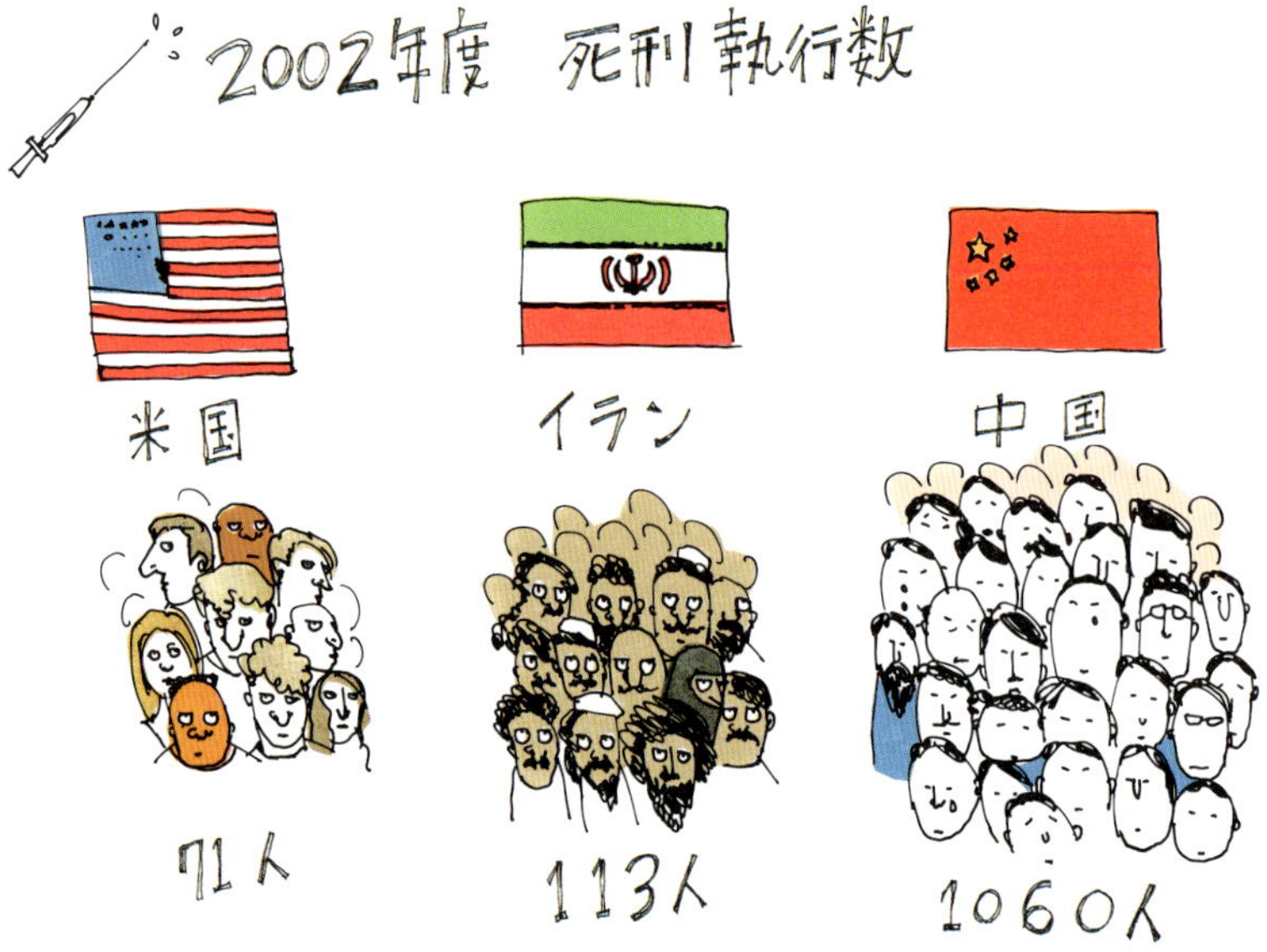


かれらの報告《ほうこく》によると、すでに世界の半分以上の国で、死刑制度《しけいせいど》がなくなったそうだ。毎年、死刑《しけい》を廃止《はいし》する国が平均《へいきん》3つずつ増《ふ》えているから、30年後には死刑制度《しけいせいど》は世界から消えてしまうはず……だった。

ところが、どうしても死刑《しけい》をやめようとしない国がある。とくに強硬《きょうこう》なのが中国、イラン、アメリカ。2002年に世界でおこなわれた死刑《しけい》のうち81%がこの3つの国で占《し》められていたんだ。この年、中国ではわかっているだけで1060人！ イランで113人、アメリカで71人が処刑《しょけい》された。ものすごい数だと思わないか？

2005年、イランは94人、アメリカは60人と減《へ》った。しかし中国は1770人を、サウジアラビアが86人を処《しょ》刑《けい》した。この4カ国でじつに世界の94%を占《し》めた。

## ●ガソリンを盗《ぬす》んだだけで死刑《しけい》に

恐《おそ》ろしいことに、中国ではガソリン泥棒《どろぼう》という軽犯罪《けいはんざい》でも死刑《しけい》になってしまう。中国では2001年の4カ月間に1781人が処刑《しょけい》されたことがあった。この数字は、世界中のほかの国の3年分の死刑《しけい》で死んだ人たちより多かったんだ。

イランやサウジアラビアでは、処刑《しょけい》、手足の切断《せつだん》や鞭打《むちう》ちといった体罰《たいばつ》を、一般《いっぱん》に公開しておこなっている。

アメリカでは18歳《さい》未満の未成年者であっても容赦《ようしゃ》なく死刑《しけい》を宣告《せんこく》される。実際《じっさい》、1990年以降《いこう》、19人もの未成年の犯罪《はんざい》者が処刑《しょけい》されている。

死刑執行《しけいしっこう》の数が、国によってこんなにちがうというのは、ただごとではないよね。それに、こんなに簡単《かんたん》に死刑《しけい》がおこなわれてもよいのだろうか。人びとの生きる権利《けんり》ってなんだろう。君はどう思う？

**考えてみよう**

日本には死刑制度《しけいせいど》がある。何名の死刑《しけい》が執行《しっこう》されているか調べてみよう。凶《きょう》悪犯罪《あくはんざい》を罰《ばっ》するために、死刑《しけい》は必要だろうか？　死刑制度《しけいせいど》に反対の人たちの主張《しゅちょう》も調べてみよう。

# 7

# イギリスのスーパーマーケットは政府よりもたくさんの個人情報をもっている

## ●ポイントカードで貯まる個人情報《こじんじょうほう》

スーパーマーケットやデパートの会員になると、買い物をするたびにカードにポイントが貯まる。ポイントはお買い物券《けん》や景品と引《ひ》き換《か》えることができる。お得だ！　そう思うよね。

でも、カードにポイントが貯まるたびに、「いつ、どの店でなにを買ったか」という細かいデータが記録され、企業《きぎょう》に保管《ほかん》される。じつは、これはけっこう大変なことだ。

気にしないって？　ではたとえば、君が会員だとしよう。企業《きぎょう》は君の買い物の履歴《りれき》を細かく分析《ぶんせき》して、「収入《しゅうにゅう》はいくらで、家族は何人いて、趣味《しゅみ》はなにか」といったことも割《わ》り出《だ》すことができる。その気になればスパイのように、君という人間をチェックできるんだ。

ちなみに、イギリス最大のポイントカード会員システム「ネクター・カード」には、約1300万人の会員がいる。スーパーマーケットやデパート、携帯《けいたい》電話会社、ワイン販売《はんばい》会社などさまざまな企業《きぎょう》がカードのスポンサーになっている。だから、1人ひとりの客について「びっくりするくらいの量」の情報《じょうほう》が集まるそうだ。その情報《じょうほう》量は、イギリス政府《せいふ》がもつ個人情報《こじんじょうほう》の量を軽く超《こ》えている。

## ●個人情報《こじんじょうほう》が目的以外のことに使われる！

企業《きぎょう》が個人情報《こじんじょうほう》をもっていると、どんなことがおこるだろう？

アメリカではこんな例がある。ある客が「床《ゆか》にこぼれていたヨーグルトで足をすべらせてケガをした」とスーパーマーケットを訴《うった》えた。するとスーパー側は、その客がワインなどアルコ

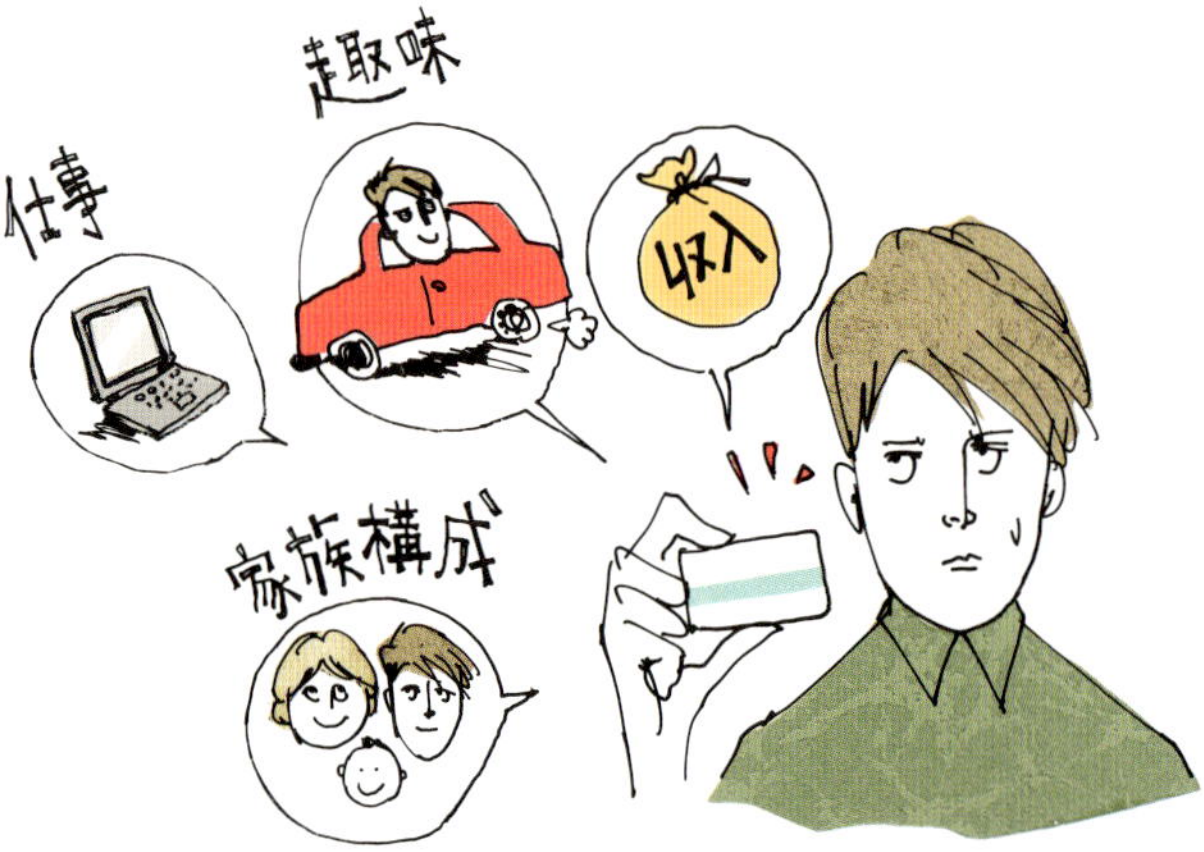


ール類を買ったポイントカードの記録を提出《ていしゅつ》した。その客をアルコール中毒者にしたてようとしたんだ。

また9・11テロ事件《じけん》のあと、アメリカの連邦政府《れんぽうせいふ》は、テロ犯人《はんにん》のポイントカード記録を徹底的《てっていてき》に調べて、買い物のパターンを分析《ぶんせき》した。それをもとに、「テロを企《くわだ》てていないか」をチェックするシステムを開発したそうだ。こんなふうに、ポイントカードの情報《じょうほう》が、もともとの目的以外に使われる危険性《きけんせい》はいくらでもある。

現在《げんざい》、発信機能《きのう》がついたICチップを使った追跡《ついせき》システムを開発中だという。導入《どうにゅう》されると、商品の包み紙や紙幣《しへい》、携帯《けいたい》電話、自動車など、あらゆるものにICチップが埋《う》めこまれる。

君に関する情報《じょうほう》は、ますます広い範囲《はんい》で、企業《きぎょう》に集められ、蓄《たくわ》えられていくのだ。

**考えてみよう**

企業《きぎょう》にたくさんの個人情《こじんじょう》報《ほう》が集まることについてどう思う？ 個人情報《こじんじょうほう》を守り、もともとの目的以外に利用されないようにするには、どうすればいいだろう？

# 8

# EUの牛は1日2・5ドルの助成金を受け取る。1年貯めると世界旅行ができる

## ●EUの牛が世界旅行できる理由

ヨーロッパに2100万頭いる牛たちは、世界で最も手厚《てあつ》いあつかいを受けている牛である。なにしろ欧州《おうしゅう》連合（EU）から1頭につき毎日2・5ドル（290円）の助成金が支払《しはら》われるのだ。合計すると、年に1回、世界一周旅行に、しかも約9万円のお小遣《こづか》いまでもっていける計算になる。

　EUの農業助成金（CAP）は、もともと第二次世界大戦後の人びとの厳《きび》しいくらしを救う

ために決められた。「手ごろな価格《かかく》で食糧《しょくりょう》が出回るようにする」「農家がそれなりの生活水準《すいじゅん》を維持《いじ》できるようにする」のが目的だった。ところが、この制度《せいど》は、いまではさまざまな矛盾《むじゅん》を抱《かか》えている。

逆《ぎゃく》に食品の価格《かかく》が上がってしまったんだ。

経済《けいざい》協力開発機構《きこう》（ＯＥＣＤ）の試算によると、この助成金制度《せいど》がなかった場合とくらべ、ＥＵの食品の価格《かかく》は全体で44％も高い。本来の値段《ねだん》を１００円だとすると、砂糖《さとう》は１９４円、牛肉は３２１円になってしまう。３倍以上というのは、あまりに高すぎるよね。

なぜこんなことになるかというと、農家からの買い取り価格《かかく》を調整《ちょうせい》したり、外国からの安い輸入《ゆにゅう》品に関税《かんぜい》をかけて、国内産のものと同じくらいの値《ね》段《だん》にしているから。結局、おかしくなった制度《せいど》のつけは、消費者が負担《ふたん》しているんだ。

## ●発展途上国《はってんとじょう》は深刻《しんこく》なダメージを受けている

ＥＵの農業助成金は、発展途上国《はってんとじょう》の人たちにもつらい思いをさせている。たとえば、助成金があるから、ＥＵの農家では砂糖《さとう》をどんどん生産する。生産量はＥＵで必要な量をはるかに超《こ》える。そこで、格安《かくやす》でよその国に輸出《ゆしゅつ》するんだ。

アフリカのモザンビークは、砂糖《さとう》が国の経済《けいざい》の中心で、近隣《きんりん》のアフリカ諸国《しょこく》に砂糖《さとう》を売ってきた。ところがＥＵがずっと安い値段《ねだん》で売りだしたものだから、お得意様をみな奪《うば》われてしまった。

ＥＵの砂糖《さとう》農家は助成金があるからいい。でもモザンビークの砂糖《さとう》農家はどんどん貧《まず》しくなってしまう。どこかおかしいよね。場合によっては、ＥＵの牛がもらう助成金のほうが、発展《はってん》途上国《とじょう》の人たちの年収《ねんしゅう》よりもずっと多かったりするんだ。

**考えてみよう**

日本でも、牛1頭に1日あたり7・5ドル（約870円）の助成金が支払《しはら》われている。こうした助成金はなぜ必要なのだろうか？

# 9

# 同性愛は70カ国以上で違法、9カ国で死刑になる

## ●イスラム諸国《しょこく》の厳《きび》しい罰則《ばっそく》

同性愛《どうせいあい》、つまりレズビアンやゲイというだけで死刑《しけい》を宣告《せんこく》されてしまう国がある。別にその人にはほかになんの罪《つみ》もないのにだよ。

その国はモーリタニア、スーダン、アフガニスタン、パキスタン、チェチェン共和国、イラン、サウジアラビア、アラブ首長国連邦《れんぽう》（UAE）、イエメンの9カ国。いずれもイスラム教の国だ。

なかでもイランでは、1979年のイスラム革命《かくめい》以来、4000人以上の同性愛者《どうせいあい》が処刑《しょけい》された。理由は、イスラム教の聖典《せいてん》コーランの中で同性《どうせい》同士のセックスが禁《きん》じられているからだという。

## ●なぜ同性愛《どうせいあい》が罰《ばっ》せられるんだろう?

これほど極端《きょくたん》でなくても、世界で70カ国以上に、レズビアン、ゲイ、あるいは両性愛《りょうせいあい》者、性倒錯《せいとうさく》者を差別する法律《ほうりつ》がある。「男女が愛し合い、結婚《けっこん》し、家族をもつ」というのがあたりまえで、そうではない関係を選ぶのはまちがっている――そう判断《はんだん》し、同性愛《どうせいあい》の人たちに反感や偏見《へんけん》を抱《いだ》く国や社会体制《たいせい》が、まだまだ多い。

でも、君がだれかを好きになったからといって、たったそれだけの理由で、死刑《しけい》になるとしたら? 愛は宗教《しゅうきょう》や思想の自由と同じようにとても個《こ》人《じん》的なことだ。その人の存在《そんざい》に関わるようなことが、自由な権利《けんり》として認《みと》められないのは、ちょっとショッキングなことだと思わないか?

## ●米国最高裁判所《さいこうさいばんしょ》の違憲判決《いけんはんけつ》

最近になって、多くの国ぐにで、そうした偏見《へんけん》がとりはらわれようとしている。２００３年、アメリカの最高裁判所《さいこうさいばんしょ》は「同性《どうせい》カップルの

セックスを禁止しているテキサス州法は米国憲法《けんぽう》に違反《いはん》する」という判決《はんけつ》をくだした。この判決《はんけつ》によって、テキサスだけでなく、同じような法律《ほうりつ》を定めている他の13州の法律《ほうりつ》も無効《むこう》となった。

さらにアメリカの最高裁判所《さいこうさいばんしょ》は、同性《どうせい》のカップルも、男女のカップルと同じように結婚《けっこん》し、子どもを育て、家族の絆《きずな》をもつ権利《けんり》があると認《みと》めた。かつて、1986年の最高裁判決《さいこうさいはんけつ》では「これらの権利《けんり》は同性愛《どうせいあい》者には適用《てきよう》されない」という判断《はんだん》をくだしていたのだから、世の中は大きく変わったことになる。

これからは同性《どうせい》同士でも、ごくふつうに堂々と愛し合い生活できる世の中になるんじゃないだろうか。その一方で、同性愛《どうせいあい》者が死刑《しけい》になったり迫《はく》害《がい》される厳《きび》しい現実《げんじつ》があるという事実を忘《わす》れてはいけない。

**考えてみよう**

日本では、同性愛《どうせいあい》についてどう考えられているのだろうか。君自身は同《どう》性愛《せいあい》をどう思う？

# 10

# 世界の5人に1人は1日1ドル未満でくらしている

## ●１カ月たった３５００円でくらせる?

世界には極端《きょくたん》に貧《まず》しい人たちがおおぜいいる。どのくらい貧《まず》しいかというと、１日の生活費が1ドル未満、１ドルを１１６円で計算すると30日で３４８０円、食費も家賃《やちん》も入れて、１カ月たったそれだけでくらす。想像《そうぞう》できるかい?

そういう人が世界に12億人以上、つまり5人に１人いる。食事も満足にとれない。子どもたちは学校にも行かずに、働いてわずかなお金をかせぐ。それでも生きていくのがやっとだ。病気になってもお金がないので、医者

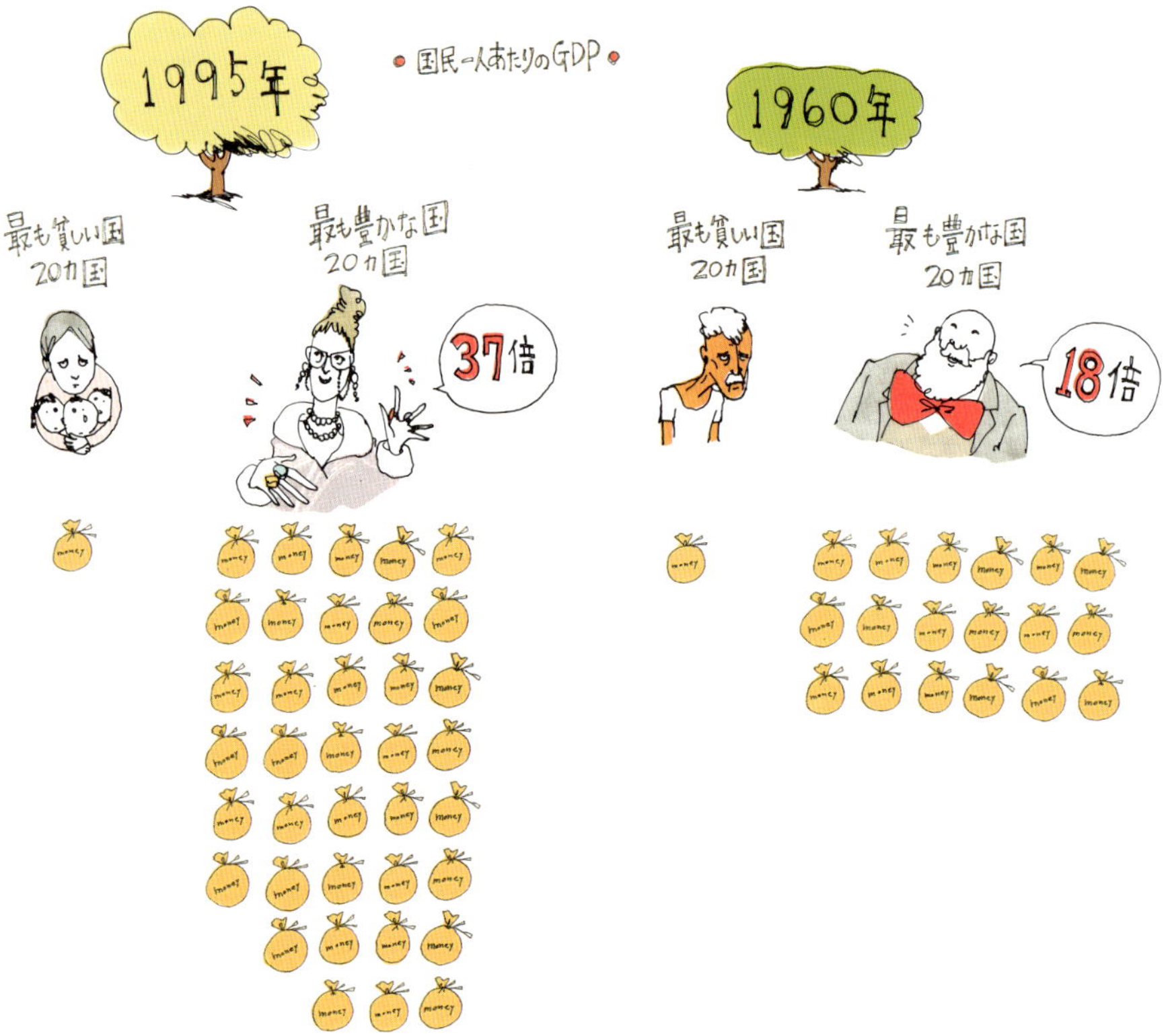


にかかれない。体をこわすと働けず、もっと貧乏《びんぼう》になる。いくら頑張《がんば》ってもそういう最悪の状態《じょうたい》から抜《ぬ》け出《だ》せない。悲しいけど、現在《げんざい》もそういう人たちが地球上におおぜいいるのが現実《げんじつ》だ。

## ●毎月35円を寄付《きふ》するだけで世界の貧困《ひんこん》をなくせる

でも世界で最もお金もちの国ぐにの国民所得の1%を援助《えんじょ》するだけで、これらの人たちを救うことができる。十分な食糧《しょくりょう》、医療《いりょう》や教育はすべての人に行《い》き渡《わた》り、新生児の死亡率《しぼうりつ》も下がり、病気が広がるのを防《ふせ》ぐことができるんだ。

2000年に国連は、貧困《ひんこん》にあえぐ

人の数を半分に減《へ》らす目標をたてた。そのために先進国は国民所得の0・7%を貧《まず》しい国ぐにに寄付《きふ》する約束をした。そんなに大変な数字じゃない。

君が毎月おこづかいを5000円もらうとすると、そのうちの35円を寄付《きふ》すればいいだけだ。でもこの約束は守られていない。裕福《ゆうふく》な国ぐにが提供《ていきょう》した援助額《えんじょがく》は、国民の総《そう》所得の0・23%にしかならない。君は11円しか出さなかった計算になる。

## ●お金もちはますますお金もちに、貧乏《びんぼう》な人はますます貧乏《びんぼう》に

世界の貧富《ひんぷ》の差は開くばかり。1960年には、最も豊《ゆた》かな20カ国の国民1人あたりのGDP（国内総生産《こくないそうせいさん》）は、最も貧《まず》しい20カ国の18倍だった。ところが1995年には、その差はなんと37倍に広がっている。

お金もちはさらにお金もちに、貧乏《びんぼう》な人はさらに貧《びん》乏《ぼう》になったことになる。なんとも不公平な話だ。地球上から貧困《ひんこん》にあえぐ人をできるだけ減《へ》らしたほうがいいのは明らかなのに。

**考えてみよう！**

君は貧富《ひんぷ》の差についてどう考える？　世界中の貧《まず》しい人たちに対して、君自身が具体的にできることってあるだろうか？

# 11

# ロシアで夫や恋人に殺される女性は、毎年１万２０００人以上

## ●女性《じょせい》の３人に１人はなぐられたり、強姦《ごうかん》される被害《ひがい》にあう

君たちはＤＶという言葉を聞いたことがあるかな？　ドメスティック・バイオレンス、家庭内暴力《ぼうりょく》という意味だ。「家庭内暴力《ぼうりょく》」というと、子どもが家の中で暴《あば》れるイメージがあるかもしれない。でもＤＶは、おもに女性《じょせい》が夫や恋人《こいびと》から暴力《ぼうりょく》をふるわれることをいうんだ。女性《じょせい》の３人に１人は、生涯《しょうがい》のあいだに、なぐられたり強姦《ごうかん》されたり、なんらかの暴力《ぼうりょく》の被害《ひがい》にあうといわれる。

とくにロシアではＤＶの被害《ひがい》が多い。１年間に１万２０００人から１万４０００人の女性《じょせい》が夫に殺される。じつに43分間に１人殺される計算になる。アメリカで２０００年にＤＶで殺された女性《じょせい》は１２３８人。ロシアでＤＶがいかに多いかわかるだろう。

## ●男は女を支《し》配《はい》できるという固定観念をなくそう

なぜロシアではこんなにひどいのか。
ひとつには貧《ひん》困《こん》がある。生活苦や住《じゅう》宅《たく》不足、女《じょ》性《せい》を保《ほ》護《ご》するシェルターの不足も指《し》摘《てき》され

ている。
　しかし最大の原因《げんいん》は人びとの固定観念にある。ロシアのことわざでは「男がなぐるのは愛しているから」だって。信じられないよね。でもこういう固定観念はロシアに限《かぎ》ったことではない。昔から女性《じょせい》は生きた財産《ざいさん》としてあつかわれてきた。娘《むすめ》を嫁《とつ》がせて、父親は見返りにお金をもらう。夫は妻《つま》を買ったのだから、好きにしていい——そんな考え方が根強くある。

　現在《げんざい》でも女性《じょせい》が父や夫に絶対《ぜったい》的に従《したが》わなければならない国がたくさんある。ヨルダンのように女性《じょせい》が不倫《ふりん》をしたり、親が決めた縁談《えんだん》に従《したが》わなかったときは、殺してもいいという国もあるくらいだ。
　1995年に北京で世界女性《じょせい》会議が開かれた。多くの国が参加して、女性《じょせい》への暴力《ぼうりょく》をなくそうと誓《ちか》い合った。でもあいからわずDVはなくならない。女性《じょせい》に対する暴力《ぼうりょく》はすべての人に対する暴力《ぼうりょく》だ。どんな暴力《ぼうりょく》も許《ゆる》してはいけない。

**考えてみよう**

もし君がDVの被害《ひがい》者になったら、どうしたらいいだろう？　身近にDVを受けている人がいたらどうすべきだろう？　DVの被害《ひがい》者、加害者、両方の気もちになって想像《そうぞう》してみよう。

12

# 2006年、なんらかの形成外科手術を受けたアメリカ人は1620万人

## ●４０００年前からあった美容《びよう》整形

いま美容《びよう》整形が大はやりだ。整形大国アメリカでは２００６年の１年間に形成外科手術《しゅじゅつ》を受けた人が１６２０万人にも達している。オランダの人口と同じくらいの人たちがいっせいに鼻の形を変えたり、シワをとったり、胸《むね》を大きくしたりした。想像《そうぞう》するとすごいよね。

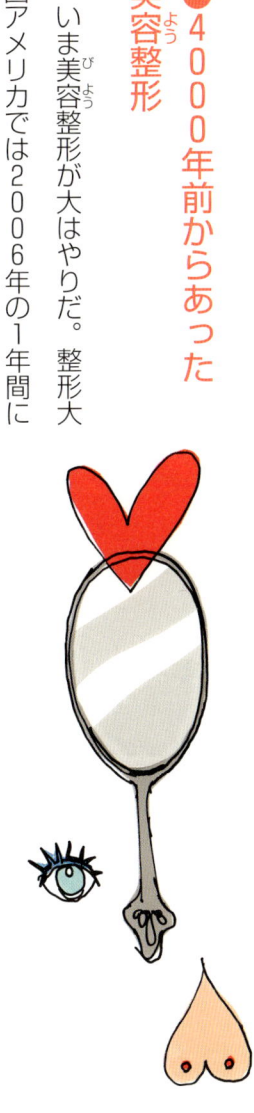

美容《びよう》整形が増《ふ》えはじめたのは１９９７年ごろだ。ボツリヌス菌《きん》の毒を注射《ちゅうしゃ》して、筋肉《きんにく》を麻痺《まひ》させる「ボトックス」という方法が開発された。筋肉《きんにく》が麻痺《まひ》するとシワができないんだ。それがとても簡単《かんたん》だったので、みなが気軽にやるようになった。ほかにも皮膚《ひふ》の下に詰《つ》め物をしたり、おなかの皮膚《ひふ》をひっぱりあげたり。いろいろな方法を考えつくものだね。

美容《びよう》整形は昔からあった。いまから４０００年前のインドでは皮膚《ひふ》移植《いしょく》手術《しゅじゅつ》がおこなわれていた。中世のイギリスでは貴族《きぞく》のために、梅毒の跡《あと》を隠《かく》す手術《しゅじゅつ》がおこなわれていた。

でも形成外科手術《しゅじゅつ》がさかんになったのは、第一次世界大戦がきっかけだった。戦争で傷《きず》ついた兵士たちの傷跡《きずあと》を目立たなくするために発達したのだ。

## ●外見を変えれば内面のなやみは消える？

でもいまは五体満足な人たちが、健康な皮膚《ひふ》にメスを入れている。それは外見を変えれば、心のなやみも解決《かいけつ》すると考える人が増《ふ》えてきたからだ。

手術《しゅじゅつ》費用も安くなった。若《わか》い人が簡単《かんたん》にプチ整形を受けている。君たちも受けたいと思ったことはないかな？

女優《じょゆう》やモデルが美容《びよう》整形していることを堂々と告白する時代だ。あのポップ歌手のブリトニー・スピアーズも、豊胸手《ほうきょうしゅ》術《じゅつ》をしたと公言した。その報道《ほうどう》のあと、美容《びよう》整形医のもとに

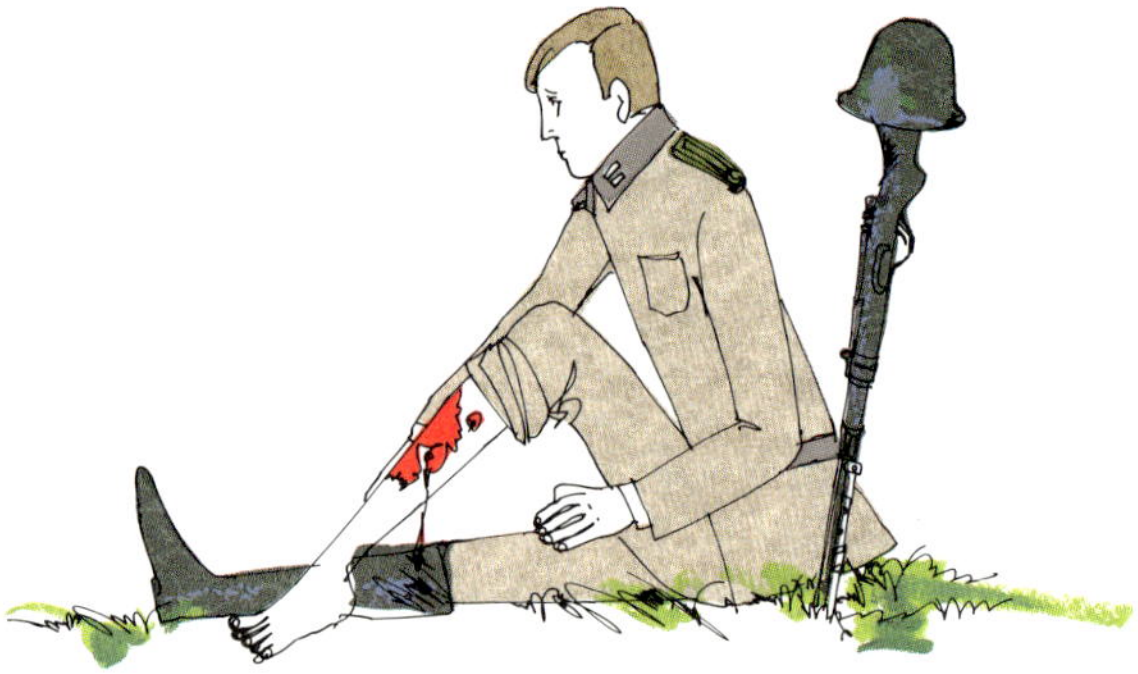

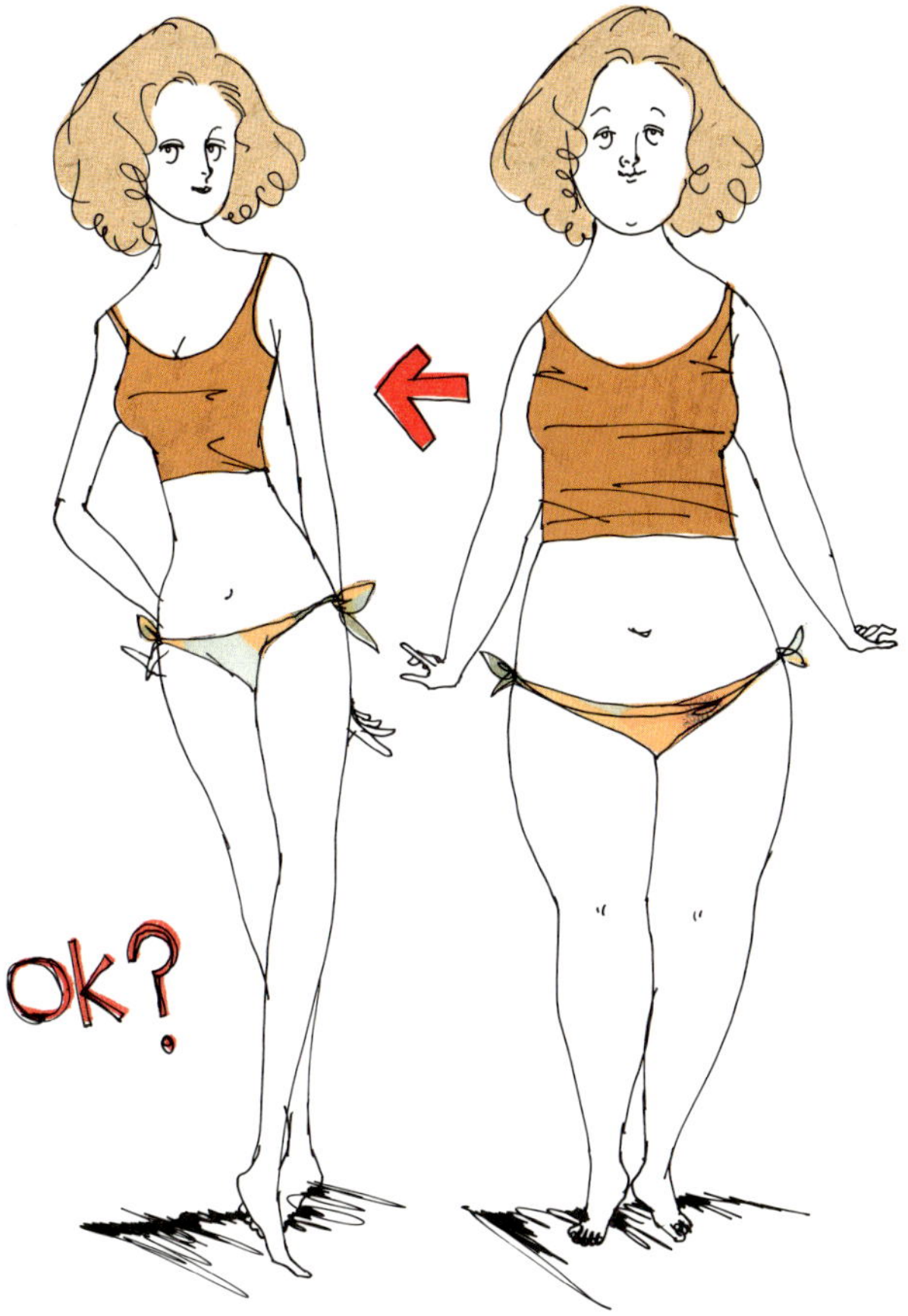


## 考えてみよう

美容《びよう》整形手術《しゅじゅつ》を受けたいと思ったことはある？　それはどうしてだろう？　整形すれば、人生は変わると思う？　外見と内面の関係について考えてみよう。

はたくさんの若《わか》い女性《じょせい》たちが豊胸《ほうきょう》手術《しゅじゅつ》に訪《おと》れたそうだ。

雑誌《ざっし》を開けば女性《じょせい》たちが完璧《かんぺき》な肉体を見せている。人びとはますます外見の美しさにこだわるようになった。だれもが若《わか》くて美しいことに執着《しゅうちゃく》するようになった。

そして、生まれたままの自然な姿《すがた》はみにくくて、年をとることはまるで病気のようにあつかわれるようになった。それで本当にいいんだろうか？　美容《びよう》整形のお金がない人はどうなる？　美容《びよう》整形して、わたしたちはますますみにくい人間になっていないだろうか？

13

# 地雷によって、毎時間1人は死傷している

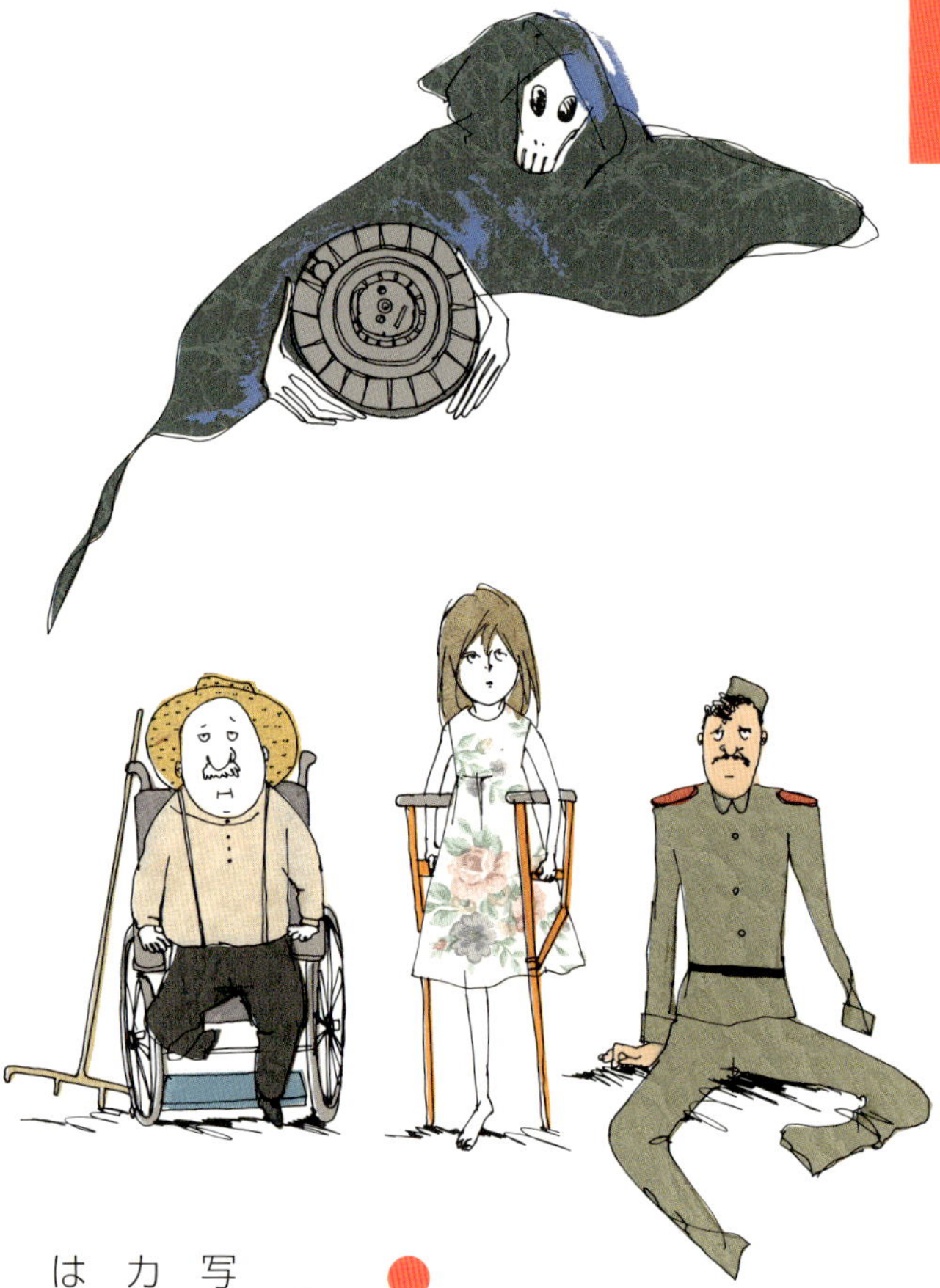

## ●地雷《じらい》は1個《こ》400円！

手脚《あし》を失った痛《いた》ましい子どもたちの写真や映像《えいぞう》を見たことがあるだろう。カンボジアでは国民の236人に1人は手か脚《あし》がない。

でもかれらは運がいいほうだ。その倍以上の人が死んでいる。地雷《じらい》の被害《ひがい》

にあったんだ。このおそろしい戦争の残骸《ざんがい》は、いまも1億個《こ》以上、世界中の土の中でひっそりと出番を待っている。

２００３年に地雷《じらい》で死傷《ししょう》した人は８０６７人。報告《ほうこく》されなかった被害《ひがい》者を入れると2万人以上とも言われる。

地雷《じらい》が初めて登場したのは第一次世界大戦のときだ。それから約１００年、ハイテク兵器が活躍《かつやく》する現代《げんだい》でも使われている。２００３年のイラク戦争ではアメリカは9万個《こ》もの対人地雷《じらい》を用意した。結局使用されなかったんだけれど。

でも使われなくてよかった。なにしろ地雷《じらい》1個《こ》の値段《ねだん》はたった４００円なのに、それを撤去《てっきょ》するにはその50倍の費用と莫大《ばくだい》な手間がかかるんだ。

## ●何十年も寿命《じゅみょう》があり、無差別に人を殺す兵器

地雷《じらい》がやっかいなのは、とても寿命《じゅみょう》が長いからだ。ポーランドには第二次世界大戦中にたくさんの地雷《じらい》が埋《う》められた。その地雷《じらい》によって、１９７０年代になっても毎年数十名もの人が亡《な》くなった。戦争が終わってもその脅威《きょうい》はつづくんだ。

しかも地雷《じらい》は相手を選ばない。兵士も、農民も、子どもも、無差別に殺してしまう。だから地雷《じらい》が埋《う》められたところは人が寄《よ》りつかない。アフリカのソマリアやスーダンでは、政府《せいふ》に反

対する武装勢力《ぶそうせいりょく》が農地に数十万個《こ》の地雷《じらい》を埋《う》めた。農民たちは地雷《じらい》が怖《こわ》くて、農業ができなくなってしまった。

## ●地雷廃絶《じらいはいぜつ》への歩み

でも希望はある。1999年に「対人地雷《じらい》全面禁止条約《きんしじょうやく》」が結ばれて、現在152カ国が参加している。アメリカ、ロシア、中国などはこの条約《じょうやく》を結んでいないが、それでも世界は地雷禁止《じらいきんし》に向けて大きく動きだしている。

著名《ちょめい》人たちも立ち上がった。ビートルズのポール・マッカートニーや女優《じょゆう》のアンジェリーナ・ジョリーも活動している。最も大きな影響《えいきょう》を与《あた》えたのは、故《こ》ダイナア妃《ひ》だった。ひるむことなくアフリカの地雷《じらい》原を歩いて、地雷廃絶《じらいはいぜつ》を訴《うった》えるダイアナ妃《ひ》の姿《すがた》は、世界中に感動を与《あた》えた。世界はようやく地雷《じらい》の禁止《きんし》に向けて第一歩を踏《ふ》み出《だ》したばかりだ。

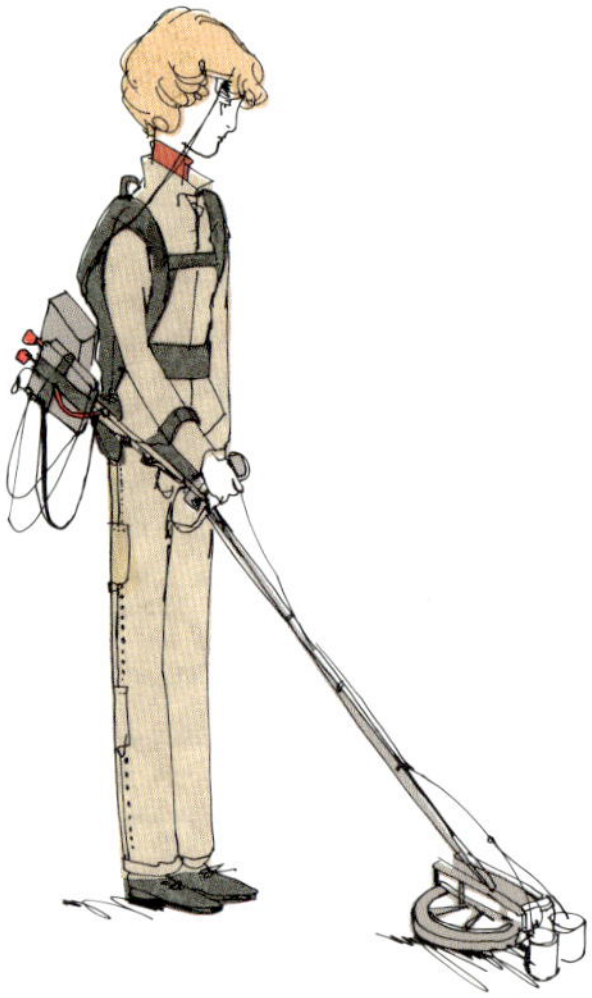

**考えてみよう**

最も多くの地雷《じらい》が埋《う》まっているのはどんな国だろう。地雷《じらい》をなくすために世界でどんな活動をしているか調べてみよう。

14

# インドでは4400万人の子どもが働かされている

## ●1年働いてたった12円?

世界には学校に行きたくても行けない子どもたちがたくさんいる。インドでは4400万人もの子どもたちが、学校に行かず働きに出ている。工場で1日12時間から14時間も働いて、1年間で給料はたった12円だよ。ミスをすると逆《さか》さづりにされたり、傷口《きずぐち》に火薬を塗《ぬ》られて火をつけられた子もいる。ひどい話だよね。

国際《こくさい》労働機関(ILO)によると、世界中で働いている子ども(5歳《さい》から17歳《さい》)は2億4600万人いる。世界の子どもの6人に1人だ。そのうち1億7100万人は危険《きけん》な仕事を、160万人は売春や児童ポルノを、30万人が兵士をさせられている。

## ●雇《やと》い主《ぬし》を罰《ばっ》しても解決《かいけつ》にはならない

ではどうしたらいいだろう？　子どもたちを働かせる雇《やと》い主《ぬし》を罰《ばっ》すればいいだろうか？

アメリカの議会が、バングラデシュの洋服工場から製品《せいひん》を買わないように決めたことがある。その工場はたくさんの子どもを働かせていた。圧力《あつりょく》が功を奏《そう》し、5万人の子どもたちが工場から解放《かいほう》された。

ところがその子どもたちは、その後、もっと賃金《ちんぎん》が低くてひどい条件《じょうけん》の仕事場に行ってしまったんだ。働かないと生活できないからだ。

働いている子どもたちは必ずしも仕事をやめたいわけではない。問題は労働に見合うお金がきちんと払《はら》われないことだ。

子どもが働くことは悪いことではない。家の仕事を手伝ったり、芝《しば》を刈《か》ったり、新聞配達をするのは、自分で責任《せきにん》をもつことを学ぶいい機会になる。でももしその労働が、勉強したり、遊んだり、友だちをつくったりすることを邪魔《じゃま》するようなら、大人が手を差しのべてやるべきだろう。

**考えてみよう**

子どもが働くことのメリットとデメリットをあげてみよう。働かないとくらせない発展途上《はってんとじょう》国の子どもたちには、どんなことをしてあげたらいいだろう？

# 15

# 先進国の国民は、1年間に7キロの食品添加物を食べている

## ●ハムサンドには食品添加《てんか》物が13種類も

コンビニやスーパーで売られているハムサンド。この中には13種類もの食品添加《てんか》物が含《ふく》まれているって知ってたかい？　印刷されている原料のところを見てみよう。添加《てんか》物のオンパレードだ。

２０００年、食品業界が食品添加《てんか》物に費やした金額は２００億ドル（２兆３２００億円）。食品添加《てんか》物はなにに役立っているのだろう？　本当に安全なんだろうか？

## ●原料がいっさい明かされない香料《こうりょう》

たとえば君たちが大好きなイチゴ風味やバナナ風味。風味は香料《こうりょう》でつけられたもので本物の香《かお》りじゃない。香料《こうりょう》は全世界で年間36億ドル（４２００億円）も使われている。

でも香料《こうりょう》をなにからどうやってつくるのかは、企業秘密《きぎょうひみつ》だ。香料《こうりょう》は数百種類もの化学反応《はんのう》の産物だが、企業《きぎょう》は原料を公表しなくてもいいことになっている。なにが使われているかはその会社の人しか知らない。恐《こわ》くないかい？

砂糖《さとう》の代わりに使われる人工甘味《かんみ》料にサッカリンがある。安全だとされているが、ガンの専門《せんもん》家たちはサッカリンには発ガン性《せい》があると指《し》摘《てき》している。カナダの研究では大量のサッカリンを与《あた》えられたラットが膀《ぼう》胱《こう》ガンになった。アメリカの食品医薬品局（ＦＤＡ）はサッカリンを全面

禁止《きんし》しようとしたが、世論《せろん》の反発やメーカーの後押《あとお》しもあって、禁止《きんし》にはならなかった。

## ●本物そっくりの香《かお》りや味をつくるのは一種の詐欺《さぎ》

もうひとつの問題は、わたしたちが口にしているものが本物かどうかわからなくなってしまうことだ。本物のイチゴと、複雑《ふくざつ》な化学反応《はんのう》でつくられたイチゴフレーバーは同じだろうか？　本物そっくりの味や香《かお》り。でも本物じゃない。それは一種の詐欺《さぎ》だよね。

だからわたしたちはかしこくならなくちゃいけない。今度スーパーで買い物をするときは、レジでお金を払《はら》う前に成分表示《ひょうじ》を見てみよう。おかしなものが入っていれば買わないことだ。そうすればメーカーもスーパーも、もう少し添加物《てんか》に気をつけるようになるかもしれない。

**考えてみよう**

身近にある食べ物の成分表示《ひょうじ》を見てみよう。どんな食品添加物《てんか》が含《ふく》まれているだろうか？　それはなんのために入っているのだろう？

# 16

# タイガー・ウッズが帽子をかぶって得るスポンサー料は、1日あたり5万5000ドル。その帽子を作る工場労働者の年収38年分

## ●世界でいちばん収入《しゅうにゅう》が多いアスリート

タイガー・ウッズの名前は知っているよね。1996年に、20歳《さい》で華々《はなばな》しくデビューしたアメリカのプロゴルファーだ。10年で通算67勝（2006年全英オープンま

で）。圧倒的《あっとうてき》に強い。

そしてタイガーは、強いだけでなく、世界で最もかせぐスポーツ選手でもある。２００４年の収入《しゅうにゅう》は推定《すいてい》で約８６３７万ドル（約１００億円）。きみがこの本を手にとってこのページを開き、ここまで読んだ30秒くらいの間に、約82ドル（９５１２円）をかせいだ計算になる。

## ●収入《しゅうにゅう》の大半は企業《きぎょう》とのスポンサー契約《けいやく》料

この莫大《ばくだい》な収入《しゅうにゅう》は、ゴルフの賞金だけじゃない。このうちの８０００万ドルは、企業《きぎょう》とのあいだに結んだスポンサー契約《けいやく》で得たものだ。タイガーがスポンサー企業《きぎょう》のウェアや帽子《ぼうし》を身につけ、ＣＭに出演《しゅつえん》することを条件《じょうけん》に、契約《けいやく》料が支払《しはら》われる。

ナイキは、プロデビューしてまもないタイガーと５年間で４０００万ドルの契約《けいやく》を結んだ。この契約《けいやく》期間中に、ナイキのゴルフ部門の売り上げは、１億ドルから２億５０００万ドルにはね上がったという。タイガーの広告効果《こうか》ははかりしれない。

## ●タイのナイキ工場の労働者が訴《うった》えたこと

２００１年にタイガーはナイキとの契約《けいやく》を更新《こうしん》した。５年間で１億ドル。つまりタイガーはナイキの帽子《ぼうし》をかぶることで、１日あたり５万５０００ドル（６３８万円）をかせぐ。

そのナイキの帽子《ぼうし》をつくる工場はタイにある。その工場労働者の賃金《ちんぎん》は1日あたり4ドル（464円）。タイガーがナイキから1日に受け取る金額《きんがく》をかせぐには、労働者たちは38年間、毎日働きつづけなければならない。

そこで労働者たちは、タイガーに直訴《じきそ》することにした。2000年11月、労働者たちはバンコクに滞在《たいざい》中のタイガーのホテルへ行き、せめて最低の生活ができる賃金《ちんぎん》にしてもらえるよう、ナイキに頼んでもらえないか、と訴《うった》えた。でもタイガーは面会を拒否《きょひ》、そっけないコメントを発表しただけだった。

この金額《きんがく》のあまりのちがいには、「運命の皮肉」以上のものを感じてしまう。なにかがまちがってはいないだろうか。

**考えてみよう**

タイガー・ウッズとタイのナイキの工場労働者たちの収入《しゅうにゅう》のちがいはどこから来るんだろう？　これほどちがうことについて、君はどう思う？

# 17

# アメリカで摂食障害を患っている女性は700万人、男性は100万人

## 一人のミュージシャンと拒食症《きょしょくしょう》

いまから30年くらい前のこと。ミリオンヒットを次々に飛ばしつづけるカーペンターズという兄妹グループがアメリカにいた。妹のカレン・カーペンターの歌声は、世界中の人びとをとりこにした。でも彼女《かのじょ》は32歳《さい》の若《わか》さで亡《な》くなった。拒食症《きょしょくしょう》だった。

拒食症《きょしょくしょう》の正式な名称は「神経性無食欲症《しんけいせいむしょくよくしょう》」という。とにかくやせたくて無理なダイエットをした結果、最後には体が食事をまったく受けつけなくなる病気だ。この病気は、精神《せいしん》的なものが原因《げんいん》となる病気のなかで最も死亡率《しぼうりつ》が高く、

10人のうち2人が死亡《しぼう》してしまう。

## ●メディアがやせすぎを助長する

この拒食症《きょしょくしょう》や、過剰《かじょう》に食べては吐《は》くことをくり返す過食症《かしょくしょう》などをひっくるめて「摂食障《せっしょくしょう》害《がい》」という。アメリカでは総《そう》人口の4％にあたる700万人の女性《じょせい》と100万人の男性《だんせい》が、なんらかの摂食障害《せっしょくしょうがい》にかかっている。

これには、マスメディアの影響《えいきょう》が大きい。なにしろファッションモデルの体重は、平均《へいきん》的アメリカ人女性よりも25％も少ない。テレビも雑誌《ざっし》もダイエット特集ばかり。ダイエットすればいまより何倍もきれいになれると、人びとをあおる。やせなければ、と強迫《きょうはく》的に思いこむようになってしまったとしても不思《ふし》議《ぎ》ではない。

## ●やせているのが本当に美人？

太平洋諸島《しょとう》にあるフィジーでは、昔から固太りの体型が美しいと思われてきた。ところが1995年にテレビが入ってきて、美人の基準《きじゅん》が変わってしまった。

唯一《ゆいいつ》のチャンネルでは、アメリカ、イギリスなどのテレビドラマが放映《ほうえい》され、みんなが夢中《むちゅう》になった。すると、3年後、フィジーの十代の女の子の75%が、自分は「太りすぎ」だと感じるようになっていた。15%の子はダイエットをはじめた。

マスメディアの影響《えいきょう》は、こうして美の基準《きじゅん》すらも変えてしまう。やせている人が美人、というのは思いこみかもしれないんだよ。

**考えてみよう**

君はやせたいと思ったことがあるかな？　美人の条件《じょうけん》ってなんだと思う？

# 18

# イギリスの15歳の約半数はドラッグ体験がある

## ●悪夢《あくむ》のように広がる若者《わかもの》たちのドラッグ

ほんの少しの髪《かみ》の毛《け》で、ドラッグを使っているかどうかわかる簡単《かんたん》な検《けん》査《さ》キットがある。イギリスではいま、これを家庭に常備《じょうび》し、親がわが子をチェックしなさい、とまで言われている。

なんだか穏《おだ》やかじゃない。でも大人があわてふためくのも無理はない。イギリスの15歳《さい》の45%、つまり約半数はドラッグを試したことがあるという調査《ちょうさ》結果があるからだ。

喫煙《きつえん》も問題になっている。イギリスの15歳《さい》の4人に1人はタバコを吸《す》う習慣《しゅうかん》があり、平均すると週に50本のタバコを吸《す》っている。アルコールも要注意で、イギリスのティーンエイジャーの飲酒量は、10年前の2倍だ。

「麻薬《まやく》、喫煙《きつえん》、飲酒」が、まだ十代の若者《わかもの》にこれほど広がっている。

## 「麻薬《まやく》、喫煙《きつえん》、飲酒」が招《まね》くダメージと危険《きけん》

こうした習慣《しゅうかん》は、もちろん健康に有害だ。でもそれだけじゃない。飲酒運転など、他のさまざまな危険《きけん》も呼《よ》びこむ。それに、早くから麻薬《まやく》、タバコ、酒に手を出した人ほど、より過激《かげき》なハードドラッグにハマりやすいんだ。

## ちょっとだけならかまわない？

麻薬《まやく》、タバコ、酒に手を出すかどうかは、君の意思にかかっている。もし、友だちから誘われたら、君はノーと言えるだろうか。「ちょっとだけなら、かまわない」と思っていないだろうか。大人もやっているからとか、なんとなくではなく、一度きちんと考えてみてほしい。

親に、こっそり髪《かみ》の毛《け》を検査《けんさ》されるなんて、気分のいいものじゃないものね。

**考えてみよう**

麻薬《まやく》、喫煙《きつえん》、飲酒は、なぜいけないんだろう？ 友だちにすすめられたら、なんと言ってことわったらいいか、考えてみよう。

19

# ワシントンDCで働くロビイストは6万7000人。連邦議員1人に対し125人

## ●政治《せいじ》的な働きかけを代行する「ロビイスト」という商売

アメリカの新聞を読むと、政治《せいじ》に関する記事にときどきロビイストという言葉が出てくる。ロビイストというのは、政治《せいじ》に対して働きかけをする（これをロビー活動という）プロのことだ。

「政策《せいさく》に自分たちの意見を反映《はんえい》させたい」と考えた場合、議員に手紙を書いたり、署名《しょめい》運動をしたり、デモをしたりするよね。たしかにこれもロビー活動だけれど、プロのロビイストはちがう。議員に直接《ちょくせつ》働きかけて、議員たちを動かすんだ。

アメリカには、6万7000人以上のロビイストがいる。2000年にかれらに支払《しはら》われた料金は15億5000万ドル（1800億円）。ロビー活動は一大産業だ。

## ●だれもが自分の主張《しゅちょう》を反映《はんえい》させたがっている

地方自治体が、連邦政府《れんぽうせいふ》に要求をするために、ロビイストを雇《やと》う。企業《きぎょう》もNGOも、特殊《とくしゅ》な利害を求めるグループも、あらゆる団体《だんたい》が自分たちの権利《けんり》を主張《しゅちょう》するために、ロビイストに頼《たの》む。予算をください、法律《ほうりつ》をつくってください、この政策《せいさく》は変えてくださいと、だれもが自分の主張《しゅちょう》を聞いてほしがっている。

国際《こくさい》的なロビイストまでいて、アメリカのイラクへの軍事行動を支持《しじ》してもらうために、東欧諸国《とうおうしょこく》を回ったといわれているんだ。

## ●ロビー活動は社会の役に立っている？

政府《せいふ》に意見を届《とど》けてくれるのなら、ロビイストも社会の役に立っていると思うだろうか？　でも、たとえば2003年にアメリカで、多額《たがく》の政治献金《せいじけんきん》をしたエネルギー会社に有利になるような法律《ほうりつ》が決まりかけたと聞いたら、どう思う？

2000年の選挙には30億ドル（3480億円）ものお金が動いたと言われる。自分に有利な意見を言ってくれる候補者《こうほ》に多額《たがく》の資金《しきん》が提供《ていきょう》された。この背後《はいご》にもロビイストが活躍《かつやく》しているとしたら、どう思う？

だれでも意見を言える、主張《しゅちょう》ができることは大切だ。でもお金の力だけで、ごく一部の人が政治《せいじ》に非常《ひじょう》に大きな影響《えいきょう》力をおよぼすのは、おかしいよね。ロビー活動の背後《はいご》にどんな利害関係があるのかを、だれもが知ることができるようにするべきじゃないだろうか。

わたしたちは、だれがなにを議員に働きかけているのか（そして、なにを与《あた》えているか）をチェックし、議員がお金に左右されずに行動しているかどうかを見きわめる必要もある。

**考えてみよう**

世界でロビイストが実際《じっさい》にどんな活動をしているのか、具体的な例を調べてみよう。日本ではどうなっているのだろうか？

20

# 自動車は毎分、2人を殺している

## ●交通事故死《じこし》はエイズにつぐ死因《しいん》の第2位

世界で初めての自動車による死亡事故《しぼうじこ》は、1896年にロンドンのハイドパークでおきた。44歳《さい》の女の人が、時速6キロほどでデモ走行をしていた自動車にはねられて死亡《しぼう》したんだ。

以来、交通事故《じこ》は車の普及《ふきゅう》とともに増《ふ》えつづけ、これまでに約2500万人の命を奪《うば》った。これはベネズエラの人口と同じくらいだ。

いまや自動車事故《じこ》で亡《な》くなる人は年に120万人。1分間に2人が事故死《じこし》している計算になる。ケガや障害《しょうがい》を負った人は、1年間に1000万人を超《こ》える。

ちなみに、ハーバード大学と世界保健《ほけん》機関(WHO)の共同調査《ちょうさ》によると、2020年までに、交通事故《じこ》は世界の死因《しいん》のベスト3に入るそうだ。現在《げんざい》でも、15歳《さい》から44歳《さい》までの男性《だんせい》にかぎっていえば、エイズの次にくる第2位の死因《しいん》だ。

## ●発展途上国《はってんとじょう》に多発する交通事故《じこ》

世界の車のうち60%は先進国を走っている。その分交通事《じ》故《こ》も多いだろうと思うと、そうじゃない。先進国の交通事故《じこ》件数《けんすう》は、1970年代の初めとくらべると、25%も減《へ》っている。いま世界の交通事故死《じこし》の70%は、発展途上国《はってんとじょう》でおきているんだ。

豊《ゆた》かな国では車も新しい。車検制度《しゃけんせいど》も整っている。エアバッグにABS(アンチロック・ブレーキシステム)など安全装置《そうち》を備《そな》えた車も多く、道路も整備《せいび》されている。

それにくらべ、発展途上国《はってんとじょう》では、運転免許《めんきょ》がないドライバーもいるし、道路整備《せいび》も不十分。取《と》りしまりも行《い》き届《とど》かず、事故《じこ》がおきても救急車がすぐにくるとはかぎらない。

WHOの推計《すいけい》によると、発展途上国《はってんとじょう》では、交通事故《じこ》で毎年約1000万ドル（11億6000万円）の損害《そんがい》が出ている。開発援助《えんじょ》としてもらっている額《がく》の2倍にもなるんだ。交通事故《じこ》が発《はっ》展途上国《てんとじょう》の発展《はってん》をさまたげている。

## ●フィジーの成功に学べること

ところで、フィジーのこんな例もあるので紹介《しょうかい》しよう。フィジーでは、自動車保険《ほけん》会社が、保険《ほけん》料の10％を国立道路安全協会に寄付《きふ》している。協会は交通安全運動を活発におこない、そのおかげで2002年までの4年間に、死亡事故《しぼうじこ》は44％も減《へ》った。

交通事故《じこ》を減《へ》らせば、国家としても費用を節約して発展《はってん》できる。それが貧困《ひんこん》や格差《かくさ》を解消《かいしょう》することにもつながる。とても重要な課題なんだ。

**考えてみよう**

交通事故《じこ》をなくすためには、どのような対策《たいさく》が効果《こうか》的だろうか？　君自身が事故《じこ》にあわないよう気をつけていることはなにかある？

# 21

# 1977年以降、北米の中絶病院では8万件近い暴力事件や騒乱がおきている

## ●中絶《ちゅうぜつ》医を殺した元牧師《ぼくし》が英雄《えいゆう》になる

アメリカでは中絶《ちゅうぜつ》をめぐって、国を二分する大論争《ろんそう》がおきている。

事のおこりは1973年。当時テキサス州では、州の法律《ほうりつ》で中《ちゅう》絶《ぜつ》が禁止《きんし》されていた。ところがある裁判《さいばん》で、このテキサス州法は憲法違反《けんぽういはん》だと判断《はんだん》されたんだ。したがって州法は無効《むこう》になり、中《ちゅう》絶《ぜつ》は法律《ほうりつ》で認《みと》められることになった。

この判決《はんけつ》に中絶《ちゅうぜつ》反対派《は》の人たちは反発した。過激《かげき》な「中絶《ちゅうぜつ》反対派《は》」は、中絶《ちゅうぜつ》は「殺人」だとして、それをやめさせるためなら暴《ぼう》力《りょく》もふるった。病院を取り囲んで抗議《こうぎ》したり、患者《かんじゃ》やスタッフにいやがらせをしたり、爆破《ばくは》や放火、殺人事件《じけん》までおこす人もいる。

2003年9月、フロリダで医師《いし》と運転手が殺された。医師《いし》は中絶《ちゅうぜつ》手術《しゅじゅつ》をする中絶《ちゅうぜつ》医だった。犯人《はんにん》は元牧師《ぼくし》で「無垢《むく》の赤《あか》ん坊《ぼう》が死んでいくのを食い止めるためだった」と主張《しゅちょう》した。かれは死刑《しけい》になったけれど、中絶《ちゅうぜつ》に反対する人たちの間では英雄《えいゆう》になったんだ。

## ●「暗殺リスト」に載《の》せられ、襲《おそ》われた人も

アメリカとカナダでは1977年から現在《げんざい》までに中絶《ちゅうぜつ》クリニックでの暴力《ぼうりょく》や騒乱事《そうらんじ》件《けん》が8万件《けん》にも達しているそうだ。

とくに過激《かげき》なのが地下組織《そしき》「アーミー・オブ・ゴッド（神の軍隊）」と呼《よ》ばれる人たちだ。かれらは中絶《ちゅうぜつ》クリニックで働く医師《いし》やスタッフの氏名や住所をインターネットで公開している。このリストに載《の》せられた人で、実際《じっさい》に襲《おそ》われたり、殺された人もいる。

でも、どんなに相手の意見や行動が許《ゆる》せなくても、医師《いし》を襲《おそ》ったり、中絶《ちゅうぜつ》を希望する女性《じょせい》をおどすのはいけないよね。暴力《ぼうりょく》によって相手の意見をおさえようとするのはまちがっている。

**考えてみよう**

中絶《ちゅうぜつ》を認《みと》める人、認《みと》めない人、それぞれの主張《しゅちょう》を調べてみよう。君はどちらの立場を取る？

# 22

# マクドナルドの黄色いMのマークがわかる人は88%、キリスト教の十字架はたった54%

## ●宗教《しゅうきょう》を信じる人は未熟《みじゅく》？

君たちは十字架《じゅうじか》がキリスト教のシンボルだって知っているよね？　でも世界6カ国、700人を対象にした調査《ちょうさ》で、十字架《じゅうじか》の意味を知っている人はたったの54％しかいなかった。マクドナルドの黄色いMのマークがわかる人は88％もいたのに。

十字架《じゅうじか》を知らない人が増《ふ》えている。これはつまり、人びとがだんだん神を信じなくなっているということだ。

とくにヨーロッパではこの宗教離《しゅうきょうばな》れの傾向《けいこう》が強い。アメリカでは神を信じている人が92％、3人に1人は毎週教会に行く。でもイギリスでは神を信じる人が60％、フランスで毎週教会に行く人は13人に1人しかいない。ヨーロッパの文化人の中には「宗教《しゅうきょう》を信じる人は心理的に未《み》熟《じゅく》だ」と言い切る人までいる。

## ●宗教《しゅうきょう》の代わりに登場した高級ブランド

宗教《しゅうきょう》の代わりに人びとがあがめるようになったものは、なんだと思う？　答えは有名ブランドだ。

あるアルコール飲料のキャッチフレーズは「信じよ」だった。ブランドが宗教《しゅうきょう》の代わりに

「信じる」対象になり、十字架《じゅうじか》のネックレスもいまやファッションにすぎない。

グッチ、バーバリーなどの高級ブランドはますます売上を伸《の》ばしている。その分、人びとの借金は増《ふ》え、イギリスでは5世帯に1世帯はカードの負債《ふさい》残高が2000ポンド（46万円）以上ある。

ブランドは商品そのものよりも、フィーリングやライフスタイルを売っている。お金さえ出せば、豊《ゆた》かな気分ですてきな生活ができますよと誘《さそ》いかけるのだ。心の満足という意味ではブランドはたしかに宗教《しゅうきょう》と似《に》ている。

だからお金で満足が買えない発展途上《はってんとじょう》の国ぐにで、逆《ぎゃく》に神を信じる人たちが増《ふ》えているんだ。キリスト教徒の60％以上は、いまや欧米《おうべい》以外の地域《ちいき》にいる。

さて、君はなにを信じる？

**考えてみよう**

信仰《しんこう》をもつことのメリットとデメリットを考えてみよう。宗教《しゅうきょう》は人びとにどんな影響《えいきょう》を与《あた》えているのだろう？

# 23

# ケニアでは家計の3分の1がわいろに使われる

## ●平均で月16回はわいろを贈《おく》るケニア人の生活

わいろって知っているよね。自分に都合のいいことをしてもらうために、力のある人にお金やものを贈《おく》ることだ。

アフリカのケニアではわいろがないと生活できない。学校に入るにも、医療《いりょう》を受けるにも、パスポートをとるにも、資《し》格《かく》をとるにも、わいろが必要だ。その代

わり、役人に〝袖《そで》の下《した》〟さえわたせば、父親が10年前に死んだという証明《しょうめい》書をとった翌日《よくじつ》に、その父親のパスポートをとることもできる。めちゃくちゃだと思わないかい？

ケニアの人がわいろを贈《おく》る回数は月平均《へいきん》で16回。金額《きんがく》は収入《しゅうにゅう》の3分の1にもなる。こんなにわいろを払《はら》っていたら、生活はガタガタになっちゃうよね。

そのとおり、ケニアはわいろのせいでどんどん貧困《ひんこん》が進んでいる。1990年には4%だった経済《けいざい》成長率《りつ》が2001年には1%に下がってしまった。世界の貧困率《ひんこんりつ》はよくなっているというのにだよ。

## ●わいろをなくすことを公約に登場した大統領《だいとうりょう》の闘《たたか》い

　このままいくと、ケニアでは貧困《ひんこん》がますます進んでしまう。そこで2002年末、腐敗《ふはい》との闘《たたか》いを公約にかかげて、ムヴァイ・キバキ大統領《だいとうりょう》が就任《しゅうにん》した。大統領《だいとうりょう》はわいろをなくすため、大改革《だいかいかく》に乗り出した。警察官《けいさつかん》の給料を引き上げてわいろをもらわなくても生活できるようにしたり、公務員《こうむいん》の資産《しさん》を公開して不正なお金が入らないようにしたんだ。

　でもこれに抵抗《ていこう》する人たちも出てきた。いままで甘《あま》い汁《しる》を吸《す》っていた政府《せいふ》の役人や議員たちだ。背後《はいご》には外国の大企業《きぎょう》がいる。大企業《きぎょう》は、役人や議員にわいろをわたす代わりに莫大《ばくだい》な利益《りえき》を得ているのだ。

　資金《しきん》面でも、人数の面でも大統領派《だいとうりょうは》は負けている。しかしケニアが発展《はってん》するためには、大統領《だいとうりょう》がこの闘《たたか》いに勝たなければならない。

　一つ一つのわいろは小さくても、集まれば巨大《きょだい》なものになる。わたしたちはささいなわいろでも許《ゆる》さない社会をつくらなければいけないんだ。

**考えてみよう**

日本でも事前に工事業者が集まって値段《ねだん》を決める「談合」が問題になっている。わいろや談合が国民にどんな不利益《ふりえき》をもたらすのか考えてみよう。

# 24

# 世界の違法ドラッグの市場規模は4000億ドル。製薬市場とほぼ同じ

●麻薬《まやく》取《と》りしまりをしても効果《こうか》はほとんどあがらない?

7000年前、シュメール人はアヘンを吸《す》っていた。人間は昔から、気もちが高揚《こうよう》する、つまり「ハイになる」方法を見つけていたんだね。

麻薬《まやく》が初めて違法《いほう》になったのは1875年。鉄道建設《けんせつ》の労働者だった中国人がアメリカにアヘンをもちこみ、それが白人の間に広がったのがきっかけだった。それ以来、世界中で麻薬《まやく》を取《と》りしまるための法律《ほうりつ》ができたが、いまだに思うような成果をあげられない。

国連によると、世界中で2億人が麻薬《まやく》を濫用《らんよう》している。違法《いほう》ドラッグ市場は年間4000億ドル（約47兆円）。これは合法な薬の市場規模《きぼ》とほぼ同じなんだよ。

アメリカではこの10年間で麻薬取《まやくと》りしまりの予算が50％も増《ふ》えているのに、麻薬《まやく》を売る人、買う人はほとんど減《へ》っていない。なぜだと思う？

きびしく取《と》りしまれば、麻薬《まやく》の値段《ねだん》が上がる。高値《たかね》で売れればもうかる。もうかるとなれば、危険《きけん》をおかしてでも商売しようと人が集まるよね。その結果、トラブルも後を絶たない。

## ●コーヒーショップでマリファナを販売《はんばい》している国もある

そこでやり方を変えようという意見が出てきた。麻薬《まやく》をなくせないなら、せめてその害を少なくできないか。

たとえば比較的《ひかくてき》軽いマリファナを合法にし、ヘロインやコカイン、クラックなどのハードドラッグは、医師《いし》の処方《しょほう》にもとづいて使えるようにする。ドラッグの製造《せいぞう》もタバコのように国が管理しようというものだ。

実際《じっさい》、オランダでは「コーヒーショップ」でマリファナが売られ、タバコやお酒と同じように買えるようにした。その結果どうなったと思う？

マリファナが禁止《きんし》されているアメリカでは37％の人が吸《す》ったことがあるのに、オランダではたった16％。合法にしたほうが吸《す》う人は減《へ》るんだね。やっぱり「ダメ」と言われたほうが、よけいに吸《す》いたくなるんだろうか？

麻薬《まやく》の害をなくすには、単純《たんじゅん》に麻薬《まやく》の売買を禁止《きんし》すればいいという問題ではない。ドラッグ中毒から人をどう守るか、そこから考える必要があるだろう。

**考えてみよう**

日本ではマリファナも含め、麻薬《まやく》はすべて禁止《きんし》されている。オランダのように規制《きせい》をゆるめるべきだろうか、それともアメリカのようにきびしくすべきだろうか。

# 25

# アメリカ人の3人に1人は、エイリアンがすでに地球に来ていると信じている

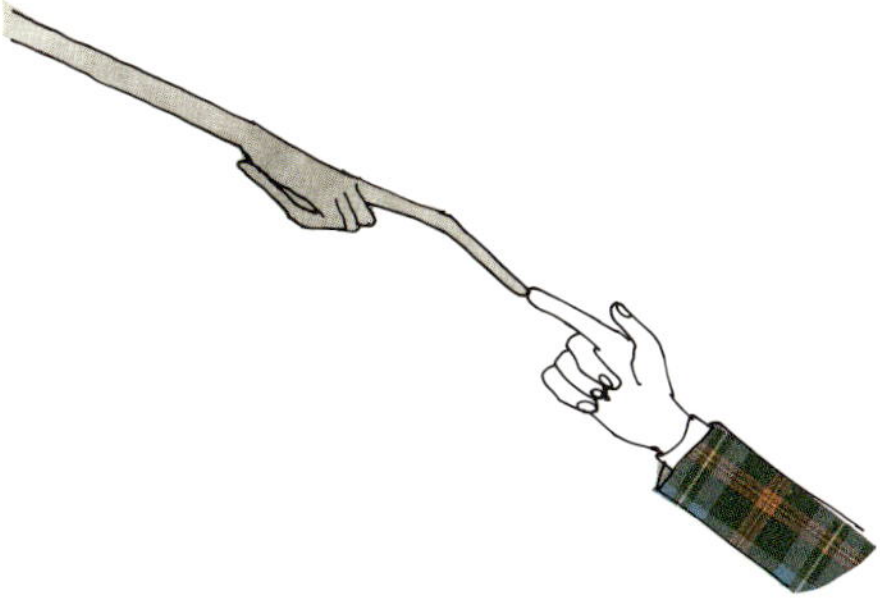

## ●米空軍基地《きち》に運ばれたエイリアンの死体

１９４７年の夏、アメリカ南部の小さな町ロズウェルの近郊《きんこう》になにかが不時着した。回収《かいしゅう》した米空軍は、当初それを「空飛ぶ円盤《えんばん》」と発表したが、のちに軍用の気象観測《かんそく》気球だったと訂正《ていせい》した。

しかし軍の発表と目撃《もくげき》者の言い分は食いちがっていた。エイリアンの死体がロズウェル空軍基地《きち》の「エリア51」に運びこまれるのを見た、という人もいた。これが有名なロズウェル事件《じけん》だ。

## ●エイリアン、UFOをかたく信じるアメリカ人たち

１９９４年、米空軍はロズウェル事件《じけん》の全記録をくわしく見直した。そして、回収《かいしゅう》されたのは実験に失敗した気球だったと結論《けつろん》づけた。

それでもいまだに、軍がなにかを隠《かく》していると思っている人たちが大勢《おおぜい》いる。1997年におこなわれた調査《ちょうさ》では、なんとアメリカ人の80%が「政府《せいふ》は宇宙《うちゅう》人の存在《そんざい》を隠《かく》している」と考えていることがわかった。

2001年の調査《ちょうさ》ではアメリカ人の3人に1人は「これまで報告《ほうこく》されたUFO（未《み》確認《かくにん》飛行物体）のなかに、他の文明からやってきた本物の宇宙船《うちゅうせん》もある」と答えた。イギリスでもティーンエイジャーの61%がエイリアンやUFOを信じている。キリスト教を信じる人は39%しかいないというのに。君はUFOを信じるかい？

## ●銀河《ぎんが》系《けい》には1万個《こ》もの文明をもつ星がある

UFOが宇宙《うちゅう》から来た知的生命体の乗り物だとする証拠《しょうこ》はなにもない。UFO事《じ》件《けん》とは、せいぜい簡単《かんたん》に説明できないなにかを目撃《もくげき》したと

いう話にすぎない。

ではエイリアンがいる可《か》能性《のうせい》はないのだろうか？　天文学者のフランク・ドレイク博士は、コミュニケーション能力《のうりょく》をもつ文明が、宇宙《うちゅう》にどのくらい存在《そんざい》するかを計算してみた。すると、わたしたちが住む銀河《ぎんが》系《けい》だけで1万もあるという結果が出たんだ。

ただし、いちばん近くに住むエイリアンのところまで行くのに光速ロケットでも500年はかかるそうだ。

宇宙《うちゅう》人の存在《そんざい》を信じたいと、人はどこかで思っている。広大な宇宙《うちゅう》に、わたしたち地球人しかいないというのは寂《さび》しすぎるからね。

**考えてみよう**

もし宇宙《うちゅう》人がいるとしたら、君はなにをどんなふうに伝えたらいいと思う？

## 26

# 拷問は150カ国以上でおこなわれている

### ●国際《こくさい》社会が交わした拷問禁止《ごうもんきんし》の約束

情報《じょうほう》を聞き出したり、考えを変えさせるために、ひどい苦痛《くつう》を与える。そんな拷問《ごうもん》のシーンを映画《えいが》やテレビで見たことはないだろうか。もしかすると昔のことと思っていないだろうか。

拷問《ごうもん》は、世界中で、いまもおこなわれている。大人だけでなく子どもにも。

アムネスティ・インターナショナルによると、1998年から2000年の間に、150以上の国で拷問《ごうもん》がおこなわれたという。これは世界の国の3分の2以上だ。

第二次大戦後、国連は世界人権宣言《せかいじんけんせんげん》を採択《さいたく》した。そこにはっきりと「拷問《ごうもん》や虐待《ぎゃくたい》は禁止《きんし》」とうたわれている。1984年にあらためて拷問《ごうもん》や非人道的《ひじんどうてき》な取りあつかい、刑罰《けいばつ》を禁止《きんし》する条《じょう》約《やく》をつくり、2006年には141カ国がこれを結んでいる。

にもかかわらず、拷問《ごうもん》は、いまだに世界各地でおこなわれている。

## ●拷問《ごうもん》をしている国とは?

いったいどんな国が拷問《ごうもん》をするんだろう? 警察《けいさつ》や治安機関が犯罪《はんざい》の容疑者《ようぎしゃ》を調べるのに拷《ごう》問《もん》を使う国もある。敵《てき》の秘密《ひみつ》を聞き出すために拷問《ごうもん》を使う国もある。拷問《ごうもん》ほどではなくても、捕虜《ほりょ》を乱暴《らんぼう》にあつかうのがふつうの国もある。

たとえば「テロとの戦争」を推進《すいしん》しているアメリカは、アフガニスタンの空軍基地《きち》やキューバのグアンタナモ空軍基地《きち》で、捕虜《ほりょ》たちを拷問《ごうもん》したり、ひどいあつかいをしていた。そのニュースや写真が公開され、全世界にショックを与《あた》えた。

1949年に改訂されたジュネーブ諸条約《しょじょうやく》では、戦争中であっても、こうした行為《こうい》は禁止《きんし》されている。もちろんアメリカもこの条約《じょうやく》を結んでいるのだけれど。

## ●「テロとの戦い」のためには仕方ない？

ブッシュ政権《せいけん》は容疑者《ようぎしゃ》にたいする「残酷《ざんこく》な」取り調べをはっきりと禁止《きんし》した。でも事態《じたい》はどうもあやしい雲行《くもゆ》きだ。

というのも、2001年の9・11同時多発テロ以降《いこう》、テロを未然に防《ふせ》いで多くの人の命を救うためなら、拷問《ごうもん》もやむをえないという意見が出始めたんだ。

だけど、拷問《ごうもん》をけっして許《ゆる》してはならない。拷問《ごうもん》を受けた人は心に受けた傷《きず》と、その後何年にもわたってフラッシュバック（おそろしい記憶《きおく》が幻覚《げんかく》となってよみがえること）に苦しめられる。

テロとの戦いも、拷問《ごうもん》の口実にはならない。拷問《ごうもん》はテロをかえってエスカレートさせ、世界の人びとの権利《けんり》である「自由」を損《そこ》なうだけなのだから。

**考えてみよう**

「テロの情報《じょうほう》が事前にわかるなら、多くの人を救うために拷問《ごうもん》をしてもいい」という意見について、君はどう思う？

# 27

# 世界では7人に1人が日々飢えている

## ●飢《う》えに苦しむ人は8億人もいる

世界では8億の人が、いまも飢《う》えに苦しんでいる。慢性《まんせい》的な栄養失調の人が20億人。飢《う》えや、飢《う》えのせいで病気になって亡《な》くなる人は1800万人。毎年、5歳《さい》未満の子どもが1000万人死亡《しぼう》しているけれど、その半分は、栄養失調が原因《げんいん》だ。

だけど、地球全体で食糧《しょくりょう》が足りないわけじゃない。毎年、全人類が十分に食べていけるだけの食糧《しょくりょう》が生産されている。もしみんなに均等《きんとう》に食糧《しょくりょう》を分けられれば、だれもが十分に食べることができるんだ。

## ●戦争と政治《せいじ》の腐敗《ふはい》が飢《う》えをまねく

食糧《しょくりょう》が足りているのならなぜ、と思うだろう。ひとつは政治《せいじ》のせいだ。自分の国で国民が飢《う》えていてもほったらかしにしている国がある。指導者《しどうしゃ》たちだけがぜいたくなくらしをしていることもある。

武力紛争《ぶりょくふんそう》も、飢《う》えの大きな原因《げんいん》となる。戦争になれば、政府《せいふ》は食糧《しょくりょう》よりも武器《ぶき》を買う。危険《きけん》なので食糧《しょくりょう》の輸送《ゆそう》もできないし、農業もできない。

さらに飢《う》えは国の経済発展《けいざいはってん》を大きくさまたげる。ちゃんと食べているからこそ、仕事の能率《のうりつ》も上がる。飢《う》えていれば、満足に働けない。だから経済《けいざい》が停滞《ていたい》する。

アフリカのシエラレオネで、農業で働く人の摂取《せっしゅ》カロリーを平均《へいきん》で50％多くしてみた。つまり食べる量を増《ふ》やしたんだ。すると農産物の収穫《しゅうかく》は16・5％も上がった。

## ●どうすれば、飢《う》えから人びとを救えるか

豊《ゆた》かな先進国は余《あま》った食糧《しょくりょう》をこうした国ぐにに援助《えんじょ》している。これは必要なことだけれど、長い目で見ると、飢《う》えを解決《かいけつ》することにはならない。

アフガニスタンでは、国連から小麦が大量に送られてきたせいで、小麦の価格《かかく》が下がってしまった。生活に困《こま》った農民たちは、もっとお金になるアヘンなどを栽培《さいばい》し始めた。これでは食糧《しょくりょう》不足は変わらないだろう。

飢《う》えが少しでもなくなれば、経済《けいざい》が上向いて人びとの収入《しゅうにゅう》も増《ふ》える。そうなれば、食糧《しょくりょう》不足を、自分たちの力で解決《かいけつ》できるようになるだろう。かれらが自立できるよう手助けすることが大切だ。

飢《う》えの問題は、貧困《ひんこん》、戦争、格差《かくさ》の問題にもつながっているんだ。

**考えてみよう**

日本では消費期限《きげん》のきれた食べ物をどんどん捨《す》てている。その一方で世界には飢《う》えて死ぬ人がたくさんいる。この矛盾《むじゅん》をどうしたら解決《かいけつ》できるだろう？

28

# アメリカで生まれる黒人の男の子の3人に1人は刑務所に送られる

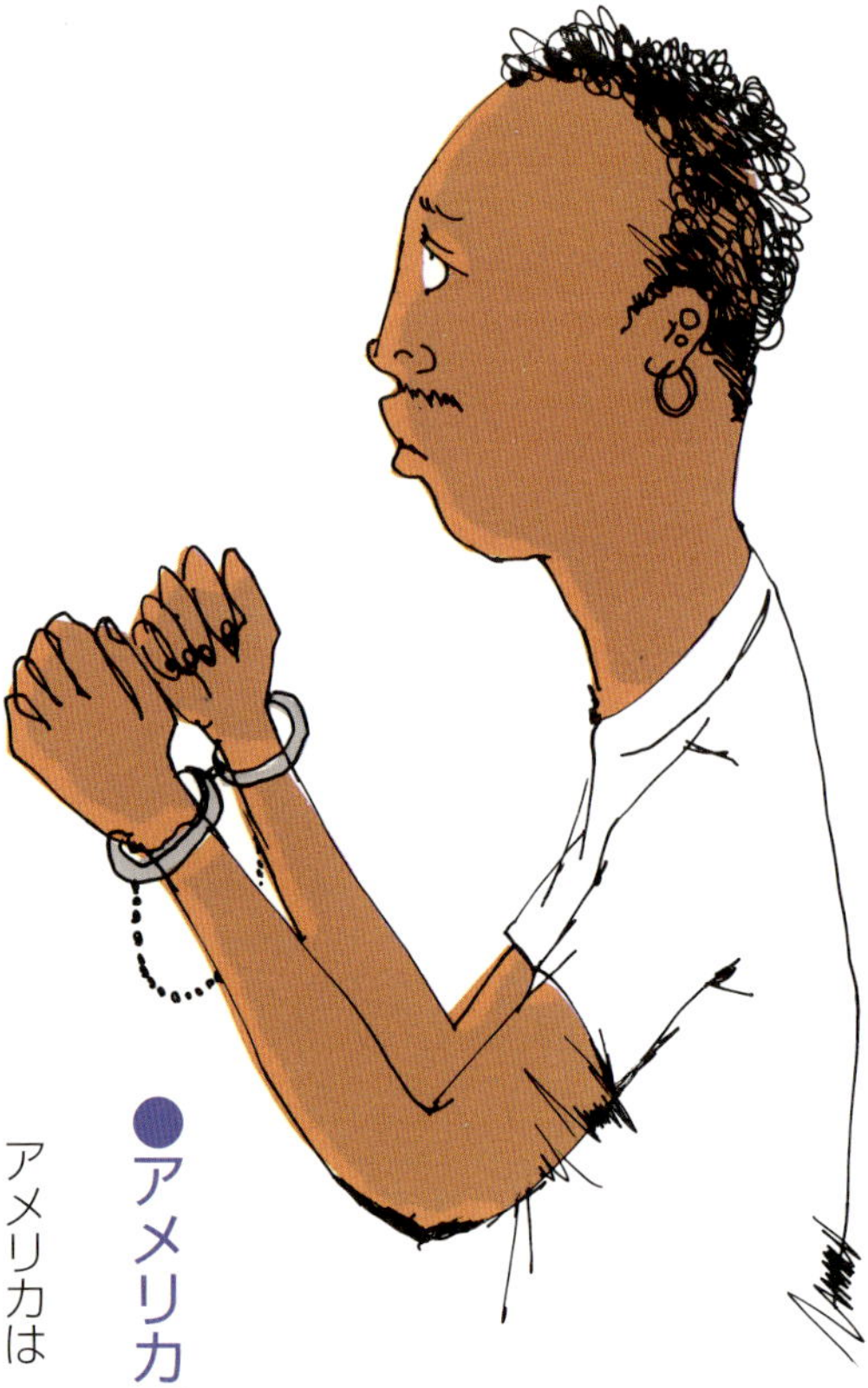

## ●アメリカで刑務《けいむ》所《しょ》に入る人数は世界1位

アメリカは「自由の国」といわれるけれど、せっかくの「自由」を、刑務《けいむ》所《しょ》に行くことで失う人が増《ふ》えている。

2002年に、アメリカの服役者は200万人に達し、ロシアを抜《ぬ》いて世界一になった。いまではアメリカ人の

37人に1人は、生涯《しょうがい》に一度は刑務《けいむ》所《しょ》に入る。このままだと、２００１年に生まれた赤《あか》ん坊《ぼう》のうち15人に1人は、一度は刑務《けいむ》所《しょ》に入ると予想される。

この数字をもう少しくわしく見ると、ちょっと気がかりなことが浮《う》かび上《あ》がってくる。白人の男の子だけにかぎると、刑務《けいむ》所《しょ》に行く確率《かくりつ》は17人に1人。ヒスパニック（中南米のスペイン語系《けい》の国出身の人たち）の男の子は6人に1人。黒人の男の子だとなんと3人に1人だ。

現在《げんざい》、アメリカの黒人男性《だんせい》の6人に1人は刑務《けいむ》所《しょ》に入っているか、入った経験《けいけん》があるという。白人男性《だんせい》の場合は38人に1人。なにか事情《じじょう》がありそうだ。

## ●あってはならない人種の不平等

そもそもアメリカで刑務《けいむ》所《しょ》に入る人がこんなに多い原因《げんいん》の一つは、麻《ま》薬《やく》にからむ犯罪《はんざい》が増《ふ》えたせいなんだ。１９９９年、連邦刑《れんぽうけい》務《む》所《しょ》に入った人たちの57％は、麻《ま》薬犯罪《やくはんざい》者だった。問題なのは、

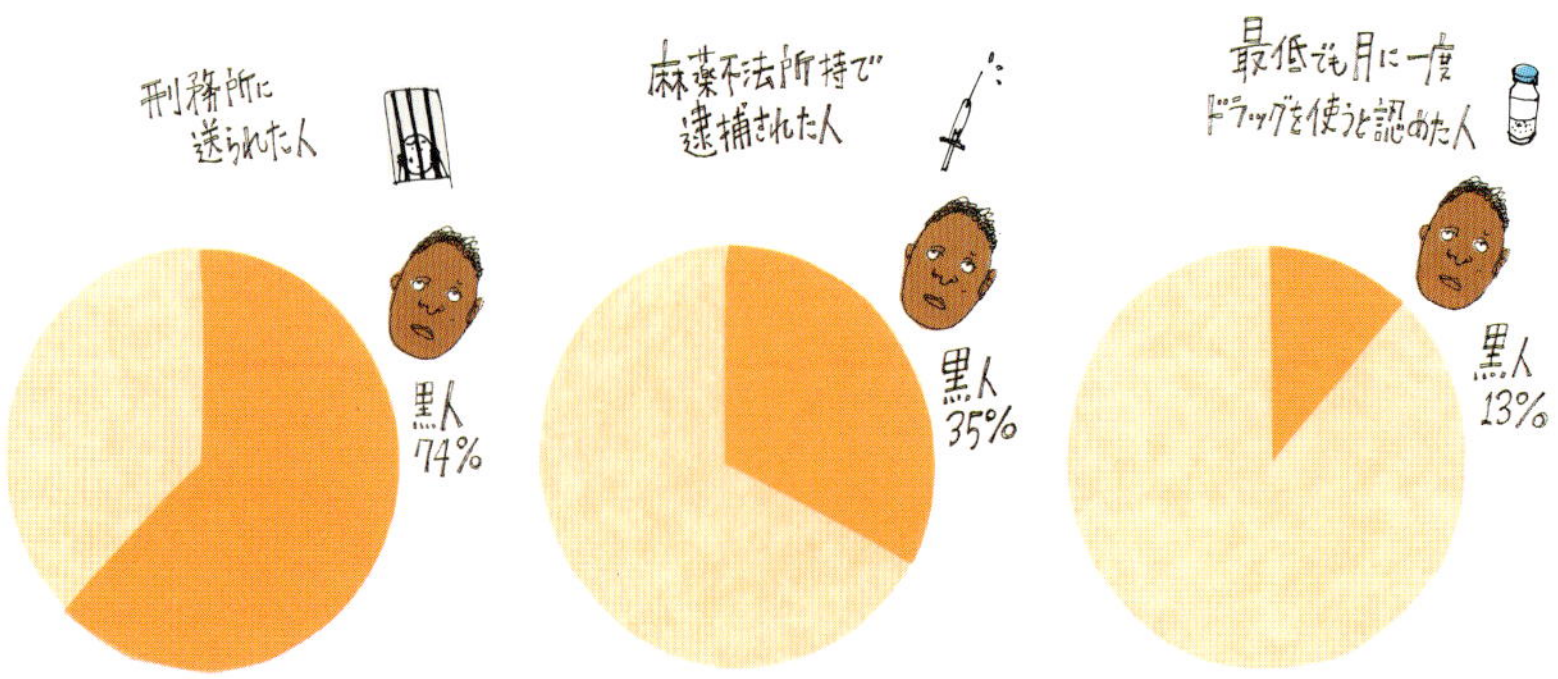


その麻薬捜査《まやくそうさ》の過程《かてい》に、人種差別があるんじゃないかという点だ。

アメリカ政府《せいふ》の統計《とうけい》では、「最低でも月に一度ドラッグを使うと認《みと》めた人」のうち、黒人の割合《わりあい》は13％だ。ところが、麻薬《まやく》所持で逮捕《たいほ》された黒人は全体の35％。さらに刑務所《けいむしょ》に送られた黒人は74％だ。

麻薬取《まやくと》りしまりのため、道路で検問《けんもん》がおこなわれるが、そこを通る黒人ドライバーの比率《ひりつ》は17％なのに、警察《けいさつ》に停められて車内捜索《しゃないそうさく》を受ける黒人の比率《ひりつ》は73％。この数字を見ると、もしかしてと思うよね。

## ●刑務所《けいむしょ》行きの連鎖《れんさ》が生まれる

一度刑務所《けいむしょ》に入ると、出所しても就職《しゅうしょく》に苦労する。仕事が見つかっても、前科のない人にくらべたら、収入《しゅうにゅう》は半分くらいだ。服役者の子どもは非行《ひこう》に走りやすい。やがて刑務所《けいむしょ》送りになることも多いという。

こうした連鎖《れんさ》も服役者を増《ふ》やしている。人種の不平等への取り組みはかなり切実だ。

**考えてみよう**

人種による不平等について、君はどう考える？　日本にも人種差別はあるだろうか？

# 29

# 世界で3人に1人は戦時下にくらしている

## ●紛争地域《ふんそうちいき》に住む人、23億3000万人

世界では武力紛争《ぶりょくふんそう》があちこちでおきている。イラクでは国の内部で混乱《こんらん》がおきているし、イスラエルとパレスチナの紛争《ふんそう》は解決《かいけつ》のめどが立っていない。

2005年のデータによると、27カ国で32の武力紛争《ぶりょくふんそう》がおこっている。その地域《ちいき》に住む人の合計は、23億3000万人。じつに世界人口の3人に1人は、戦禍《せんか》に巻《ま》きこまれている計算に

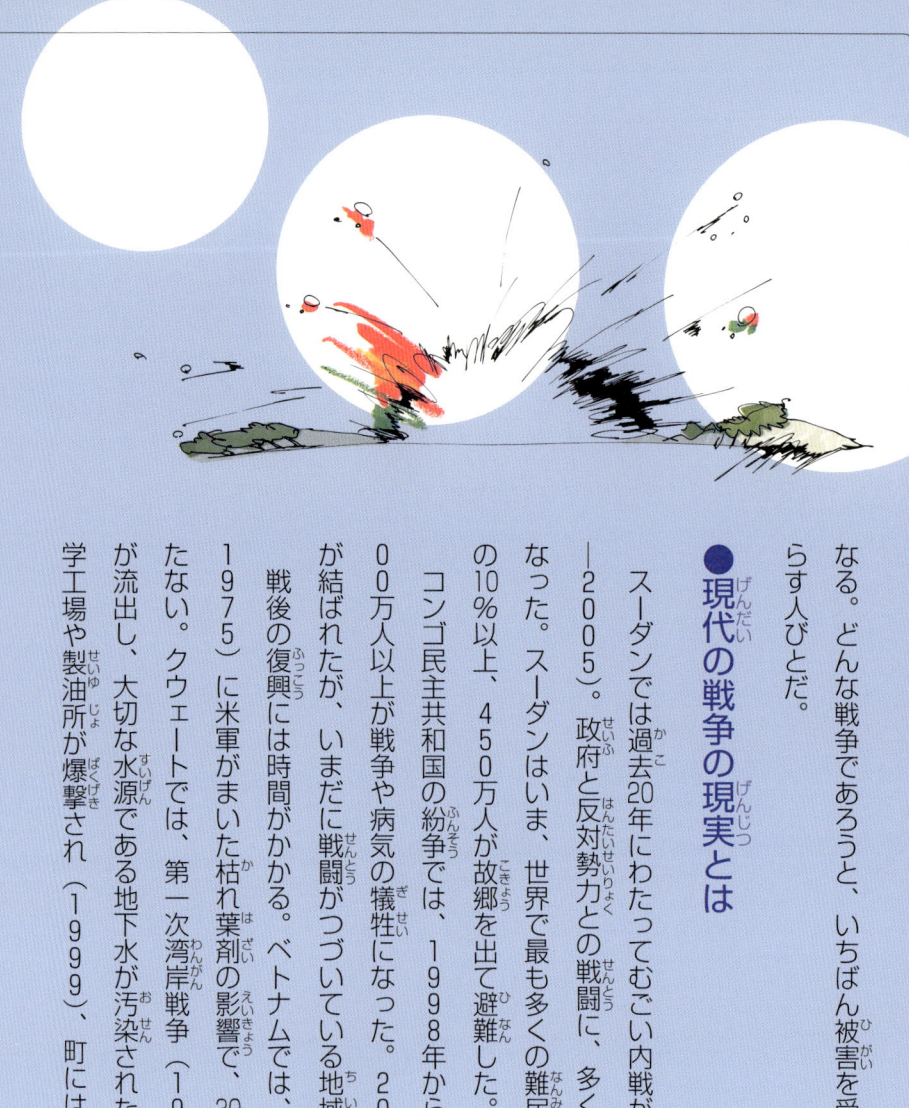

なる。どんな戦争であろうと、いちばん被害《ひがい》を受けるのは、そこにくらす人びとだ。

## ●現代《げんだい》の戦争の現実《げんじつ》とは

スーダンでは過去《かこ》20年にわたってむごい内戦がつづいた（1983—2005）。政府《せいふ》と反対勢力《はんたいせいりょく》との戦闘《せんとう》に、多くの市民が巻《ま》きぞえになった。スーダンはいま、世界で最も多くの難民《なんみん》を抱《かか》える国だ。人口の10％以上、450万人が故郷《こきょう》を出て避難《ひなん》した。

コンゴ民主共和国の紛争《ふんそう》では、1998年から2002年の間に300万人以上が戦争や病気の犠牲《ぎせい》になった。2002年末に平和協定が結ばれたが、いまだに戦闘《せんとう》がつづいている地域《ちいき》もある。

戦後の復興《ふっこう》には時間がかかる。ベトナムでは、戦争中（1960—1975）に米軍がまいた枯《か》れ葉《は》剤《ざい》の影響《えいきょう》で、30年たっても作物《さくもつ》が育たない。クウェートでは、第一次湾岸《わんがん》戦争（1991）によって原油が流出し、大切な水源《すいげん》である地下水が汚染《おせん》されたまま。コソボでは化学工場や製油《せいゆ》所《じょ》が爆撃《ばくげき》され（1999）、町には黒い雨が降《ふ》り、発ガ

ン性の高い物質《ぶっしつ》がまきちらされた。

これが現代《げんだい》の戦争の姿《すがた》だ。

## ●反政府《はんせいふ》武《ぶ》装勢力《そうせいりょく》と人道的支援《しえん》活動

反政府《はんせいふ》武《ぶ》装勢力《そうせいりょく》との戦いはむずかしい。かれらは軍服《ぐんぷく》を着ていないので、民間人と区別がつかない。だから戦闘《せんとう》の巻《ま》きぞえになる被害《ひがい》があまりにも多い。また、かれらは陣地《じんち》を確保《かくほ》したり、住民に言うことをきかせるために、爆弾《ばくだん》や地雷《じらい》を使う。かれらが軍事行動をおこせば、必ずといっていいほど住民が被害《ひがい》にあう。

戦争を終わらせる努力はつづいている。でもいままさに危機《きき》にさらされている人たちを救うため、国際《こくさい》赤十字のような人道的な団体《だんたい》が活動している。それすら、妨害《ぼうがい》されることも多いんだ。

**考えてみよう**

いま世界でおきている武力紛争《ぶりょくふんそう》を調べてみよう。その原因《げんいん》はなんだろうか？

# 30

# 2040年に原油は枯れてしまうかもしれない

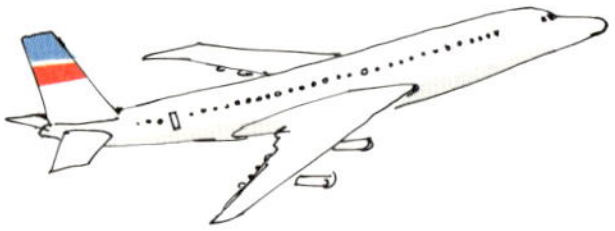

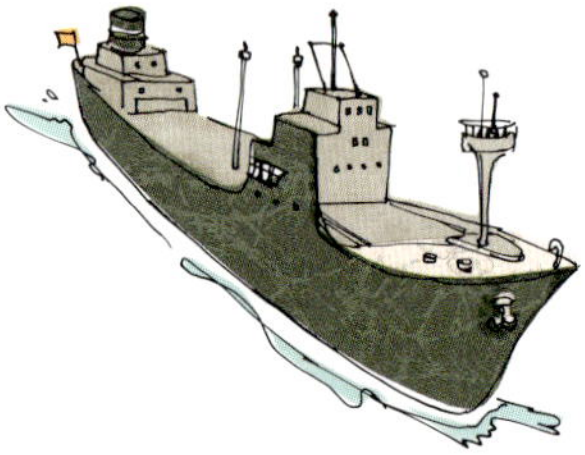

## ●石油に頼《たよ》りきる現代《げんだい》の生活

石油はわたしたちの生活のどこに使われているだろう？　自動車も飛行機も船も、石油を燃料《ねんりょう》にして動く。火力発電所は、石油を燃《も》やして電気をつくる。君たちが着ている衣服、それを洗《あら》う洗剤《せんざい》、スーパーの棚《たな》にあふれているプラスチック容器《ようき》などもみな石油からできているんだ。

原油は、古代の動植物の死がいが変化したものだ。だから無限にあるわけじゃない。いまのように急ピッチで地中からくみあげていれば、いつかはなくなってしまう。

石油を多く産出する12カ国は、石油輸出国機構《ゆしゅつこくきこう》（OPEC）という組織《そしき》をつくっている。OPECは、世界にはまだ1兆バレルの原油が埋蔵《まいぞう》されていて、加盟国《かめいこく》の埋蔵《まいぞう》量はあと80年分はあると主張《しゅちょう》する。でも「あと40年しかもたない」と警告《けいこく》する学者もいるんだ。

## ●石油に代わるエネルギーは水素《すいそ》!?

なくなってしまってからでは遅《おそ》い。そこでいま世界中で、石油に代わるエネルギー、代替《だいたい》エネルギーが研究されている。

イギリスでは海流のエネルギーを利用した潮流《ちょうりゅう》発電の実験が進んでいる。風力発電や廃棄《はいき》物を利用したバイオマスの発電も注目されている。

ブラジルでは、豊富《ほうふ》にとれるサトウキビからつくったアルコールを、自動車の燃《ねん》料《りょう》にしようとしている。

アメリカでは水素《すいそ》を自動車の燃料《ねんりょう》にする開発に力を入れている。水素《すいそ》はとても効《こう》率《りつ》のいい燃料《ねんりょう》で、ほとんど廃棄《はいき》物を出さない。もし、水素《すいそ》が安く大量に生産できれば、原油に頼《たよ》らないでエネルギーを確保《かくほ》できることになる。アメリカのゼネラルモーターズは、水素燃料車《すいそねんりょうしゃ》を2010年までには市販《しはん》できるだろうと発表している。

ただし、これで石油に代わるエネルギーができたと安心するのはまだ早い。実用化にむけての研究は、まだこれからなのだから。

**考えてみよう**

もし石油がなくなったら、わたしたちの生活はどんなふうに変わるだろう？　日本はこの問題にどう取り組んでいるのか調べてみよう。

# 31

# 世界の喫煙者の82%は発展途上国の国民

## ●5億人がタバコが原因《げんいん》で死ぬという予測《よそく》

君のおとうさんやおかあさんはタバコを吸《す》っている? 世界には11億人以上の喫煙《きつえん》者がいて、毎年500万人近い人が喫煙《きつえん》が原因《げんいん》で死んでいるんだ。いま生きている人のうち5億人は、将《しょう》来《らい》タバコが原因《げんいん》の病気で死ぬ計算になる。

君も、喫煙《きつえん》が原因《げんいん》でガンや心臓《しんぞう》病になるおそれがあると聞いたことがあるよね？ 先進国ではその危険《きけん》が知られるにつれて、タバコを吸《す》う人は着実に減《へ》っている。アメリカでは1955年には男性《だんせい》の半分以上が喫煙《きつえん》者だったのに、2001年には4人に1人にまで減《へ》った。

## ●「お菓子《かし》よりタバコ」と呼《よ》びかけるタバコ会社

でも発展途上国《はってんとじょうこく》ではタバコの危険性《きけんせい》がほとんど知られていないんだ。喫煙《きつえん》者も発展途上国《はってんとじょうこく》のほうが多い。世界の喫煙《きつえん》者のうち、82%は発展途上国《はってんとじょうこく》の人たちだ。

先進国で禁煙《きんえん》が広まってきたので、タバコ会社は発展途上国《はってんとじょうこく》の若者《わかもの》や女性《じょせい》に売りこもうとしている。この層《そう》には、まだタバコを吸《す》う人たちが少ないので、かっこうのターゲットになっているんだ。

あるタバコ会社は女性《じょせい》向けに「お菓子《かし》よりもラッキー・タバコ」と呼《よ》びかけて誘《さそ》っている。タバコを、自立するカッコいい女性《じょせい》のイメージとして押《お》し出《だ》しているCMもある。

## ●途上国《とじょうこく》には先進国よりも大きな危険《きけん》が

発展途上国《はってんとじょうこく》には、結核《けっかく》やエイズの蔓延《まんえん》という問題がある。そこに喫煙《きつえん》が加わるとリスクはさらに大きくなるんだ。
たとえば、インドでは結核《けっかく》で毎年40万人の男性《だんせい》が死ぬ。でもそのうち半数は、タバコを吸《す》っていなければ助かったはずだと言われる。

でも、どの国の政府《せいふ》も、巨大なタバコ会社とあまりケンカをしたがらない。だから、国際《こくさい》社会がもっと強い姿勢《しせい》を取るべきだろう。ＷＨＯは２００３年に「たばこの規制《きせい》に関する世界保健《ほけん》機関枠組条約《わくぐみじょうやく》」を採択《さいたく》した。毎年タバコで命をなくす５００万人を救うためにも、みんなが力を合わせるべきだろう。

**考えてみよう**

タバコを吸《す》う人を増《ふ》やさないためにはなにをしたらいいだろう？　タバコに重い税金《ぜいきん》を課《か》したり、禁煙《きんえん》のＣＭをするなど思いつくことをどんどんあげてみよう。

32

# 世界の人口の70%以上は電話を使ったことがない

## ●ラジオさえない人が大半

君は、携帯《けいたい》電話、パソコン、インターネットがない生活を想像《そうぞう》できるだろうか？

日本ではあたりまえになっているインターネットを使っているのは、世界の人口の10%にすぎない。そのうち90%は先進国に住んでいる。

アメリカでは2人に1人がインターネットの利用者だが、アフリカの中部南部の国では利用者が２５０人から４００人

に1人。それどころか、アフリカでラジオをもっている人は4人に1人、電話は40人に1人。世界全体で見ると人口の70%は電話さえ使ったことがないんだ。

## ●情報《じょうほう》をもっているとなにがちがうか

インターネットは全世界とつながっていて、あらゆる情報《じょうほう》が手に入る。知識《ちしき》を得たり、語学を学んだり、いろいろな技《ぎ》術《じゅつ》を身につけられる。仕事を得るチャンスも増《ふ》える。

けれど、もし君の家に電話もラジオもテレビもインターネットもなかったとしたら、どうだろう？ 世界でなにがおこっているかわからないだけでなく、世の中にどんな仕事や人生、チャンスがあるかも知らないまま、一生を送ることになるんだ。

こんなふうに「情報《じょうほう》をもっている人」と「もたない人」との間で広がる格差《かくさ》を「デジタル・デバイド」と呼《よ》んでいる。

## もつ人、もたない人との間で広がる格差《かくさ》

インターネットが普及《ふきゅう》する以前、人びとが情報《じょうほう》を手に入れる手段《しゅだん》はかぎられていた。インターネットによって情報《じょうほう》をみんなで共有できれば、その格差《かくさ》がなくなると考えられていた。

ところが実際《じっさい》には、情報《じょうほう》を最も必要としている発展途上国《はってんとじょうこく》の人びとには、その恩恵《おんけい》は行きわたらなかった。「デジタル・デバイド」という新しい貧富《ひんぷ》の格差《かくさ》が生まれてしまった。

先進国でもこの格差《かくさ》は広がっている。コンピュータをもたない人、使えない人は、ますます社会から置いてけぼりにされている。

毎年、世界中で生み出される情報《じょうほう》は、1人あたりアメリカ議会図書館の50万軒《けん》分になるといわれている。蔵書《ぞうしょ》数が世界最大の図書館のだよ。この膨大《ぼうだい》な情報《じょうほう》が、みんなに均等《きんとう》に行きわたるようになるには、まだ長い時間がかかるかもしれない。

**考えてみよう**

情報格差《じょうほうかくさ》が広がると、情《じょう》報《ほう》を持たない人にはどんな不利益《ふりえき》があるだろうか。

33

# 近年の武力紛争の4分の1は天然資源がらみ

## 500万人の命を奪《うば》った紛争《ふんそう》

石油や天然ガス、鉱物《こうぶつ》、木材などの天然資源《しげん》は、その国を豊《ゆた》かにし、発展《はってん》させてくれる。その一方で、資源《しげん》をねらう他国との間で武力紛争《ぶりょくふんそう》がおきかねない。君がもしありあまるほどのゲームソフトやお金をもっていたら、友だちからねたまれたり、悪いやつからねらわれるかもしれないのと同じだ。

近年おきた約50件《けん》の戦争や武力紛争《ぶりょくふんそう》の約4分の1には、こうした天然資源《しげん》の奪《うば》いあいが背景《はいけい》にある。1990年代には、これらの紛争《ふんそう》で500万人以上の人が亡《な》くなった。東京都民の2人に1人が死んでしまった計算だ。

## 希少資源《しげん》がねらわれる

たとえばコンゴ民主共和国にはダイヤ、金、そして携帯《けいたい》電話やパソコンの重要な原料になるコルタンという鉱石《こうせき》が豊富《ほうふ》にある。コンゴの周辺の国は、コンゴ国内の部族間の紛争《ふんそう》をあおりたて、それを口実にコンゴに出兵し、資《し》源《げん》を奪《うば》って西側諸国《しょこく》に横流しした。

専門家《せんもんか》は、今後も希少資源《しげん》をめぐって、国と国との争いが増《ふ》えると予想《よそう》している。そのいい例が石油だ。1991年の湾岸《わんがん》戦争は、イラクがクウェートに侵攻《しんこう》したことから始まった。ともに石油の産油国だったために、欧米諸国《おうべいしょこく》がすぐに介入《かいにゅう》したんだ。

## ●これからは「水」が奪《うば》いあいに

でも近い将来《しょうらい》、石油より激《はげ》しい争奪戦《そうだつせん》になりそうなものは、水だ。人間が生きていくのに欠かせない水は、世界の人口増加《ぞうか》とともに需要《じゅよう》が高まっている。このままいくと2025年には世界の3人に1人は水不足になやまされるという報告《ほうこく》もある。

水が不足すると農業ができない。衛生状態《えいせいじょうたい》も悪くなり、病気が広がる。すでに中東のヨルダン川やアフリカのナイル川、インドのガンジス川流域《りゅういき》では水をめぐる緊張《きんちょう》が高まっている。

戦争とは領土《りょうど》の問題だけではない。富《とみ》や資源《しげん》の奪《うば》いあいがあるのだ。

**考えてみよう**

人口が増《ふ》えつづけるかぎり、少ない資源《しげん》をめぐっての争いはつきない。どうやったら争いを防《ふせ》ぐことができるだろう。

# 34

# アフリカのＨＩＶ陽性患者は約２５００万人

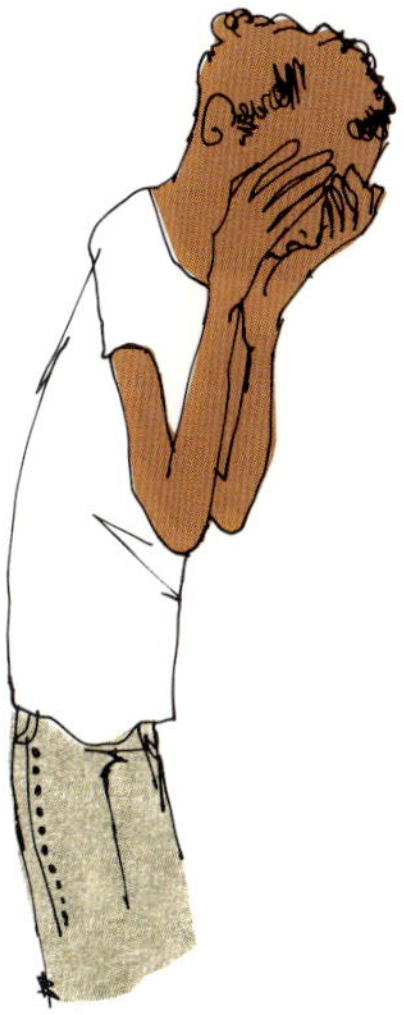

## ●7秒に1人の割合《わりあい》で若者《わかもの》が感染《かんせん》

いま人類は史上最大の敵《てき》と戦っている。そう、エイズだ。エイズの原因《げんいん》はＨＩＶというウイルスだ。世界中で1日1万2000人、7秒に1人の割合《わりあい》で若者《わかもの》がこのＨＩＶに感染《かんせん》している。

君のクラスが40人だとしたら、全員がエイズに感染《かんせん》するのに1分とかからない。それくらい猛烈《もうれつ》なスピードでエイズは世界に広がっている。いまも世界で３９５０万人がエイズに感染《かんせん》していて、２０５０年までに2億８０００万人の人が死ぬと予想《よそう》されている。

とくにアフリカのサハラ以南《いなん》の国は悲惨《ひさん》だ。多くの人がエイズで亡《な》くなり、平均寿命《へいきんじゅみょう》が30年も短くなってしまった国もある。一家の働き手が病気で倒《たお》れると、家族は貧困《ひんこん》に苦しむ。エイズのせいで20%も農業生産が落ちた国もある。

## ●世界各地に飛び火するエイズ。対策《たいさく》には多くの費用が

もともとＨＩＶはアフリカに住むチンパンジーのもっていたウイルスで、それが20世紀の初めに人間にも感染《かんせん》するようになったと言われる。

１９８１年にアメリカで初めてエイズ患者《かんじゃ》が確認《かくにん》されたとき、感染者《かんせん》のほとんどはゲイの男性《だんせい》か、麻薬《まやく》中毒者だった。これが異性《いせい》間のセックスでは感染《かんせん》しないという誤解《ごかい》をまねいて爆発《ばくはつ》的な流行につながった。アフリカでは、おもな感染《かんせん》ルートは異性《いせい》間のセックスだ。

アフリカでは栄養失調がエイズの感染《かんせん》や発病を後押《あとお》ししている。紛争《ふんそう》も蔓延《まんえん》

の一因《いちいん》だ。難民《なんみん》たちにエイズの知識《ちしき》を教えることはむずかしい。かれらは生活のため売春婦《ばいしゅんふ》になって感染《かんせん》する。その母親から生まれた子どもにも感染《かんせん》する。
政府《せいふ》の対応《たいおう》も遅《おく》れた。多くの国が1990年代後半までエイズのおそろしさを軽視《けいし》していたんだ。

## ●軍事費がたった5日分あれば

いまやエイズは世界各地に飛び火している。中国の河南《かなん》省では売血《ばいけつ》のために100万人がHIVに感染《かんせん》してしまった。

エイズの予防《よぼう》や対策《たいさく》にはお金がかかる。アナン前国連事務《じむ》総長《そうちょう》は、発展途上《はってんとじょう》国《こく》のエイズ対策《たいさく》には年間100億ドル（1兆1600億円）が必要だと言っている。世界の軍事費は1日あたり30億ドル。たった5日分あれば十分にエイズに立ち向かえるのに。

このゆがんだ構図《こうず》をどうしたらいいだろう。

### 考えてみよう!

エイズが広がるのを防《ふせ》ぐために、なにをしたらいいだろう？　日本ではいまどんな対策《たいさく》がとられているか調べてみよう。

35

# 毎年、10の言語が消滅している

## ●言語とともに失われる固有の文化や伝統《でんとう》

想像《そうぞう》してみてほしい。もし君が日本語を話す最後の人間だったら？　もうだれとも日本語で話せない。日本語ならではの表現《ひょうげん》も、なつかしい昔話も失われてしまう。どんなにさびしいことだろう。

でもそんなことが実際《じっさい》におきている。ユネスコによると、世界では毎年、10の言語がなくなっているんだ。

世界で話されている言語は約6000、そのうち半分は絶滅寸前《ぜつめつすんぜん》だ。

カメルーンのルオ語やオレゴンのクラマス語は、もうたった1人しか話せる人がいない。その人が死んでしまえば、その言葉がわかる人は地上からいなくなってしまう。これまでも、そうやって無数の言語が消えていったんだ。

## ●言語が消えてしまう理由

なぜ言語がなくなってしまうんだろう。

たとえば君たちは英語を習っている。世界には英語が通じる国が多いから、英語がわかったほうが便利だよね。海外との取引《とりひき》も増《ふ》えると、やはり外国語ができる人が断然《だんぜん》有利だ。そうして子どもたちは先祖《せんぞ》代々《だいだい》伝わってきた言葉を学ばなくなる。

もともと限《かぎ》られた地域《ちいき》でしか話されていなかった言語は、その人たちが都会に移住《いじゅう》したり、故郷《こきょう》を追われると、使われなくなる。政府《せいふ》が「公用語」を押《お》しつけ、すたれてしまった言語もある。オーストラリアでは土着《どちゃく》のアボリジニ言語が400種類もあったのに、政府《せいふ》から話すことを禁止《きんし》されたため、いまではたった25になってしまったんだ。

## ●言語は自分自身が何者かを証明《しょうめい》するもの

言語が絶滅《ぜつめつ》すると、どんな不都合があるだろう？

昔からその言語で受《う》け継《つ》がれてきた知識《ちしき》はそっくり失われてしまうね。ニュージーランドのマオリ族のある教師《きょうし》はこう言っている。「自分の言語を話さずに育てば、自分が何者かもわからなくなる」

そのマオリ族ではマオリ語を復活《ふっかつ》させる運動が進められている。いまではマオリ族の４人に１人はマオリ語を話せるまでになった。

ヘブライ語も紀元２００年ごろには、話す人がいなくなった。さいわい読み書きには使われて残り、19世紀後半によみがえった。現在《げんざい》ではイスラエル国民の81%がヘブライ語を話している。

ユネスコも固有の言語を守るよう働きかけている。世界の人びとは、ようやく自分たちが失いかけているものの大切さに気づき始めたのだ。

**考えてみよう**

もし日本語がなくなってしまったら、どうなるだろう。日本語でしか伝わらないものはどんなものがあるだろうか？

# 36

# 武力紛争による死者よりも自殺者のほうが多い

## ●世界の1年間の自殺者は100万人

人生に絶望《ぜつぼう》して自殺する人は後を絶《た》たない。世界保健《ほけん》機関（WHO）によると、2000年には世界で約100万もの人が自殺して亡《な》くなった。

自殺しようとした人は、その10倍から20倍はいると推測《すいそく》される。

WHOが報告《ほうこく》するこの数字は、世界中の武力紛争《ぶりょくふんそう》で亡《な》くなった人よりも多いそうだ。

どうしてこんなにも多くの人たちが、自殺してしまうんだろう?

自殺の理由は複雑《ふくざつ》だし、人それぞれちがう。でも、深刻《しんこく》なうつと関わりがあることがいろんな研究でわかっている。自殺者の3分の2にあたる人が、自殺をしたときうつ病だったそうだ。

うつはちょっと気落ちしたり、悲しんだりするのとはちがう。うつ病になると、よく眠《ねむ》れず、食べる意欲《いよく》もなくなり、悲しみや罪悪《ざいあく》感で打ちのめされ、衰弱《すいじゃく》する。

## ●「人生は生きるに値《あたい》する」

WHOでは、2020年には、うつ病が世界で2番目に多い病気になると予想している。そして、そのころには、毎年の自殺者は150万人にもなるだろうという。

うつ病は、人間関係のもつれ、生活の変化、経済的《けいざい》なダメージなど、強いストレスがきっかけで発病する。また、人はだれもがうつ病になる可能性《かのうせい》がある。先進国でも途上国《とじょうこく》でも、老人も若者《わかもの》も。でもきちんと病院に行き、治療《ちりょう》を受ければ、うつ病の約60〜70%は治るんだ。

もちろん自殺の原因《げんいん》はうつだけではない。けれど、いずれにしてもまわりの人たちが早く気づき、手を差しのべ、支《ささ》えることで、自殺する人を減《へ》らすことができる。

詩人で哲学《てつがく》者のジョージ・サンタヤーナという人は「人生は生きるに値《あたい》するものだという前提《ぜんてい》ほど大切なものはない。そう思わなければとても生きていけない」と書いている。どんなに大変でも、わたしたちはこの前提《ぜんてい》を信じつづけていきたい。

**考えてみよう!**

もし君の友だちが自殺したいと思っていたら、君はその友だちにどんな働きかけをすればいいんだろう。どんな手助けができるだろうか?

# 37

# アメリカで、銃をもって登校し退学になる生徒の数は、平均して週に88人

## ●学校でおこった銃撃事件《じゅうげきじけん》

1999年4月、アメリカのコロンバイン高校に2人の卒業生がやってきて銃《じゅう》を乱射《らんしゃ》した。12人の生徒と1人の教師《きょうし》が射殺《しゃさつ》され、犯人《はんにん》たちは、その場で自分を撃《う》って自殺した。

2003年4月、ペンシルバニア州の中学校で、14歳《さい》の中学生が校長先生をリボルバーで撃《う》ち、次に自分を撃《う》った。

同年8月、ミネソタ州の15歳《さい》の少年が、クラスメート2人を銃《じゅう》で撃《う》っ

た。1人は即死《そくし》、もう1人も2週間後に亡《な》くなった。
こうした衝撃《しょうげき》的な事件《じけん》は、世界の注目を集めた。アメリカはもっと銃《じゅう》を規制《きせい》するべきではないかと、事件《じけん》がおきるたびに世界中の人が思ったはずだ。

## ●そこに銃《じゅう》があることが問題

アメリカでは、市民が銃《じゅう》をもつことが憲法《けんぽう》で認《みと》められている。子どものいる家庭でも約3分の1に銃《じゅう》がある。

その保管《ほかん》の仕方には問題がありそうだ。1994年の調査《ちょうさ》によると、民間人がもつ火器の半分以上は鍵《かぎ》をかけずに保管《ほかん》されている。おまけに、銃《じゅう》をもつ世帯の30%で、銃《じゅう》に弾《たま》がこめてあり、安全装置《そうち》がはずされたまま。つまり、いつでも撃《う》てる状態《じょうたい》にあるんだ。

1974年から2000年にかけておきた37件の

校内銃撃事件《じゅうげきじけん》では、かかわった生徒の3分の2が、自宅《じたく》か親戚《しんせき》の家から銃《じゅう》をもち出していた。アメリカの15歳《さい》未満が銃《じゅう》などの火器で死亡《しぼう》した割合《わりあい》は、他の先進国25カ国の平均《へいきん》より、16倍近く高い。子どもの手が届《とど》くところに銃《じゅう》が置いてあることが問題なんだ。

## ●銃器《じゅうき》の規制《きせい》でトラブルを回避《かいひ》

アメリカには、全米ライフル協会といったひじょうに強力な団体《だんたい》があって、政府《せいふ》に圧力《あつりょく》をかけている。だから銃《じゅう》の規制《きせい》がなかなか進まない。でも子どもの手から、銃《じゅう》を確実《かくじつ》に遠ざけなければいけない、とだれもが思っているんだ。

すでに、アメリカの18の州では、子どもが安全に保管《ほかん》されていない銃《じゅう》に接触《せっしょく》した場合、銃《じゅう》のもち主が刑事責任《けいじせきにん》を問われる法律《ほうりつ》が定められた。おかげで、火器による子どもの死亡《しぼう》は、23%減少《げんしょう》した。

銃《じゅう》を規制《きせい》すれば、無用なトラブルを避《さ》けられると思わないか？

**考えてみよう**

日本では銃《じゅう》の所持《しょじ》は違法《いほう》だ。なぜアメリカでは認《みと》められているんだろう？その背景《はいけい》を調べてみよう。

# 38

# 世界には「良心の囚人」が少なくとも30万人いる

## ●犯罪《はんざい》を犯《おか》していないのに逮捕《たいほ》される？

「良心の囚人《しゅうじん》」という言葉を聞いたことがあるだろうか？

犯罪《はんざい》を犯《おか》したわけじゃない。自分の意見を言ったり、信仰《しんこう》をもったり、自分が生まれた民族への誇《ほこ》りを穏《おだ》やかに発言しただけ。それだけで、逮捕《たいほ》され、監獄《かんごく》に入れられてしまった囚人《しゅうじん》のことをいうんだ。

現在《げんざい》、世界には約30万人もの「良心の囚人《しゅうじん》」がいると言われている。2002年には、「良心の囚人《しゅうじん》」がいる国は、約35カ国にのぼった。多くは政治《せいじ》的な活動をして国の秩序《ちつじょ》を乱《みだ》したとされる政治《せいじ》犯《はん》で、裁判《さいばん》もなしに、刑務《けいむ》所《しょ》に入れられたり、家に閉《と》じこめられて、外の人との接触《せっしょく》を禁《きん》じられたりしている。

## ●クルド人の女性《じょせい》議員の場合

たとえばトルコ議会で初めてのクルド人女性《じょせい》議員となったレイラ・ザナさんは、議会で「クルド人とトルコ人が平和に共存《きょうぞん》できるよう努力する」とクルド語で述《の》べた。ところが、ちょっとクルド語を話したことが、国家への反逆《はんぎゃく》とみなされて逮捕《たいほ》され、15年の刑《けい》が言いわたされてしまった。これには欧州人権裁判所《おうしゅうじんけんさいばんしょ》も「不公正」との判断《はんだん》を示した。

ベトナムのジャーナリスト、グェン・ディン・フイは、1975年以来、市中に出たのはのべたった21カ月。93年に市民集会を開こうとして逮捕《たいほ》され、いまも政治《せいじ》犯収容所《はんしゅうようじょ》にいる。

## 「良心の囚人《しゅうじん》」を解放《かいほう》するためのNGOの活動

さまざまなNGOが、「良心の囚人《しゅうじん》」を解放《かいほう》するよう求めつづけている。

アムネスティ・インターナショナルでは、刑務《けいむ》所《しょ》にとらえられている人へ世界中から手紙を送って励《はげ》まし、政府《せいふ》にはかれらを解放《かいほう》するよう圧力《あつりょく》をかけている。数が集まれば、大きな力になるからだ。

2002年に「人びとの思想、良心、宗教《しゅうきょう》の自由を守り、どんなメディアを通じて意見を表明しようと、自由を奪《うば》われたり罰《ばっ》せられたりすることはない」という内容《ないよう》の国際《こくさい》規約《きやく》が、世界の多くの国で結ばれた。「良心の囚《しゅう》人《じん》」がこうした規約《きやく》によって解《かい》放《ほう》されるといいのだけれど、なかなかむずかしいようだ。

**考えてみよう**

政治犯《せいじはん》としてとらえられた人たちは、長い間解放《かいほう》されないことが多い。なぜ、かれらは罪《つみ》に問われたのだろう。日本でも「良心の囚人《しゅうじん》」がいなかったか、調べてみよう。

# 39

# 毎年、200万人の女性が性器切除される

## ●女性器《じょせいき》切除《せつじょ》はあまりに残酷《ざんこく》な風習

「あまりの痛《いた》みに死ぬかと思いました。ひとりの女性《じょせい》に口をふさがれて、叫《さけ》ぶこともできず、4人の女性《じょせい》に胸《むね》と両足を押《お》さえつけられて、性器《せいき》を切り取られたんです。そして縫《ぬ》いあわされて、脚《あし》をロープでしばられました……あの痛《いた》みは、忘《わす》れられません」

22歳《さい》になったザイナブさんは、少女のときに受けた女性器《じょせいき》切除《せつじょ》（ＦＧＭ）の体験を、こんなふうに話した。

女性器《じょせいき》切除《せつじょ》（ＦＧＭ）は、おもにアフリカ諸国《しょこく》、またはアジアや中東の一部の集団《しゅうだん》で、昔からつづけられてきた風習だ。

性器《せいき》を切り取られるときのひどい痛《いた》みとショックはもちろんのこと、大量に出血したり、さまざまな感染症《かんせんしょう》にかかることもある。傷跡《きずあと》が残ったり、炎症《えんしょう》をおこしたりもする。大人になって結婚《けっこん》すれば、縫《ぬ》いあわせた部分を切り開かなければならない。

どう考えても、女の子の気もちや基本的人《きほんてきじん》権《けん》を無視《むし》した、残酷《ざんこく》な風習だよね。

## ●立ち上がる現地《げんち》の人たち

なぜこんな風習があるんだろう。「純潔《じゅんけつ》を守る」「夫以外の男性《だんせい》とはセックスしないようにするため」「伝統《でんとう》文化だから」などと言われる。しかしどの理由も理由にならない。ＦＧＭはあきらかに野蛮《やばん》であり、やめるべき風習だ。

ＷＨＯによると、毎年２００万人の女性《じょせい》がＦＧＭを受ける。これまでにＦＧＭを受けた人の数は1億人から1億４０００万人にもなるという。

当然、反対する動きも活発になってきている。マリでは、地元のポップスターが、ＦＧ

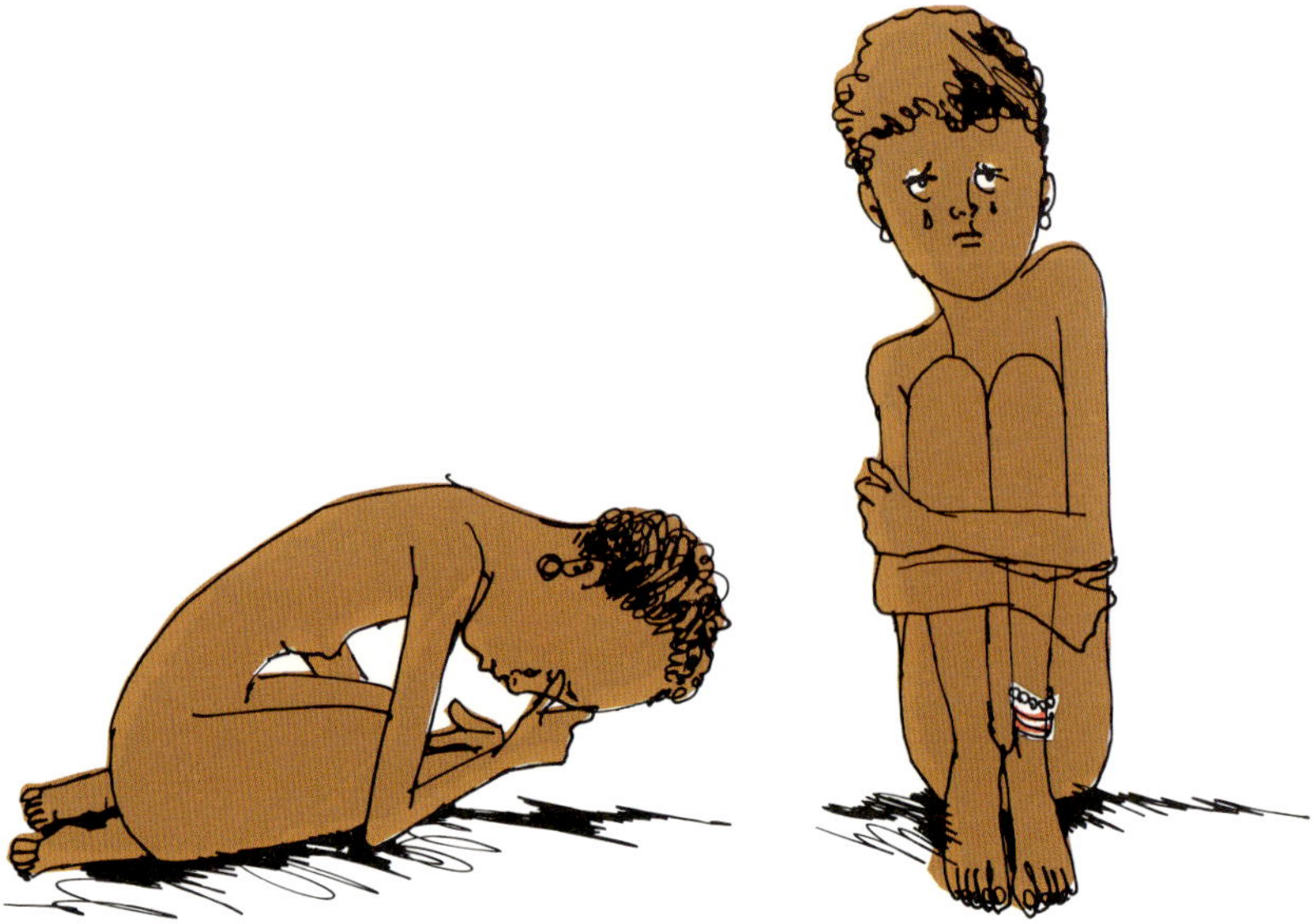

Mに反対する歌をつくった。タンザニアでは、子どもたちがFGMに反対してデモ行進をした。勇気ある女性《じょせい》たちが、みずからFGMに反対の声を上げはじめたんだ。NGOも医療《いりょう》関係者や宗教《しゅうきょう》的指導《しどう》者にFGMをやめるように説得している。

「FGMはわれわれの文化だ、西洋文明の価値観《かちかん》を押《お》しつけるな」と言《い》い張《は》る人もいる。でも、人を傷《きず》つけることが文化だろうか。

**考えてみよう**

「世界にはさまざまな価値観《かちかん》がある、女性器《じょせいき》切除《せつじょ》もひとつの伝統《でんとう》文化として認《みと》めるべきだ」と主張《しゅちょう》する人に、君なら、どう反論《はんろん》する？

# 40

# 世界中の紛争地帯で戦う子ども兵は30万人

## ●だまされて戦闘員《せんとういん》にさせられる子どもたち

君たちは学校に行き、友だちと遊び、スポーツをしている。ちょうどおなじときに、世界には、誘《ゆう》拐《かい》され、家族や友だちにも会えず、ひどい仕打ちを受け、戦地でむりやり戦わされる子どもたちが、30万人もいる。

33の国で、政府《せいふ》軍、ゲリラ軍の両方が、18歳《さい》未満の子どもを兵士として使っている。

最初は、家族とはぐれた貧《まず》しい子どもたちに、「食べ物をやろう」「保護《ほご》してやろう」と誘《さそ》い、軍に引きずりこむ。荷物運びやスパイから始まって、銃《じゅう》がもてるようになると、すぐに戦闘員《せんとういん》にさせられる。地雷《じらい》があるかどうか確認《かくにん》するため、先を歩かされることもある。

女の子だって、兵士にされる。スリランカでは、ゲリラ軍がタミル人の少女たちをむりやり仲間にしている。少女は警備《けいび》の網《あみ》をくぐりぬけやすいので、「自由の鳥」と名づけられ、自爆《じばく》兵として訓練を受けたり、幹部《かんぶ》たちの「妻《つま》」にもさせられている。

## ●子ども兵に残る深い心の傷《きず》

子ども兵が目にするのは、想像《そうぞう》を絶《ぜっ》する残酷《ざんこく》な光景だ。

カラミはわずか15歳《さい》で、すでにいくつもの部隊をわたり歩き、6年もの戦闘経験《せんとうけいけん》があった。あるとき、家を焼き討《う》ちし、仲間と

いっしょに一家を殺して、しかもその肉を食べさせられた。それがきっかけで脱走《だっそう》を決心し、やがて救助された。カラミは言う。

「ぼくは読み書きもできません。家族の居場所《いばしょ》もわかりません。いちばんつらいのは将来《しょうらい》を考えるときです。ぼくの人生は失われてしまいました。もう生きる希望もありません。夜も眠《ねむ》れません。眠《ねむ》ろうとすると部隊で目撃《もくげき》したことや、自分がやってきたひどいことを思い出すのです」

国際《こくさい》法には、子どもの徴兵《ちょうへい》を禁止《きんし》する法律《ほうりつ》もある。それは守られていない。

紛争地《ふんそうち》域《いき》の子どもたちになにがおきているか、わたしたちはしっかり見ていなければいけない。

**考えてみよう**

子ども兵を救うには、どうすればいいだろう？　救出された子ども兵に、なにをしてあげたらいいだろう？

# 41

# イギリスでは総選挙の投票者数よりも、テレビ番組でアイドル選びに投票した人のほうが多い

## ●電話回線はパンク寸前《すんぜん》

イギリスのあるテレビ番組で、国民的アイドルを決める電話投票をおこなったところ、電話回線がパンク寸前《すんぜん》になってしまった。わずか3時間で900万人近い人が電話に殺到《さっとう》したんだ。

この番組では視聴《しちょう》者の電話投票

で候補《こうほ》者がしぼりこまれていくのだが、放送期間中に３２００万人もの人が投票したという。これは２００１年のイギリスの総《そう》選挙の投票者数２５９０万人を超《こ》える数字だ。国の行《ゆ》く末《すえ》を決める国政《こくせい》選挙より、アイドルを選ぶほうに熱心だなんて、いかに若者《わかもの》が選挙に関心がないか、わかるよね。

## ●日本の30歳《さい》未満は半数が投票に行かなかった

若者《わかもの》の選挙離《ばな》れはイギリスに限《かぎ》ったことではない。２０００年のアメリカ大統領《だいとうりょう》選挙は接戦《せっせん》だったのに、若者《わかもの》の投票率《りつ》は29%しかなかった。日本の２００３年の参議院選挙も、30歳《さい》未満の人は半数が投票に行かなかった。

イギリスの調査《ちょうさ》では若《わか》い人の多くが「政治《せいじ》にまったく関心がない」と言っていて、77%が「投票に行ってもなにひとつ変わらない」と答えている。

でも若《わか》い人たちが政治《せいじ》に興味《きょうみ》がないかというとそうとは言い切れない。アメリカでは15~25歳《さい》の半数以上が、なんらかの理由で製品《せいひん》をボイコットしたことがあるし、40%はチャリティの募《ぼ》金《きん》活動を手伝ったことがあるという。

気になる問題があったり、なにか手ごたえがあれば、若者《わかもの》もよろこんで政治に参加するんだ。

## ●子どもにも選挙権《けん》を！

ではどうすれば若者《わかもの》が政治《せいじ》に関心をもち、参加するようになるだろう。

イギリスでは投票年齢《ねんれい》を16歳《さい》に引き下げようという案が出ている。早くから投票できれば、もっと関心をもってくれるだろうという考えかただ。ドイツではもっと進んでいて、12歳《さい》までは親が代わりに投票し、それ以上なら自分で投票できるようにしようという案が出された。

君たちはどう思う？ 投票権《けん》があったら、投票に行くかな？

政治《せいじ》家が汚職《おしょく》をした、違法《いほう》に裏金《うらがね》をもらったというニュースを聞くとうんざりする。若者《わかもの》が政治《せいじ》不信になるのも理《り》解《かい》できる。でも選挙に行かなかったら、行った人の意見だけが反映《はんえい》されるよね。君たちの意見を反映《はんえい》させるにはどうしたらいいだろう。

**考えてみよう**

君にもし選挙権《けん》があったら？ 投票に行く人、行かない人、それぞれの理由を述《の》べてみよう。

# 42

# アメリカのポルノ産業の規模は年間100億ドル。海外援助額と同じである

## ●毎年5倍の勢《いきお》いで成長するポルノ業界

ちょっと言いにくいんだけど、ポルノ産業はいまものすごい勢《いきお》いでのびている。アメリカではポルノ産業の市場規模《きぼ》が年間１００億ドル（１兆１６００億円）。

毎年5倍の勢《いきお》いで成長しているそうだ。毎週200本以上のアダルト映画《えいが》が製作《せいさく》されていて、インターネット・サイトは30万以上もある。アメリカ人はハリウッド映画《えいが》よりもポルノにたくさんのお金を使っている。

## ●ケーブルテレビとインターネットの影響《えいきょう》

少し前までポルノは特別な映画《えいが》館《かん》や特別な書店でしか、見たり、手に入れることができなかった。ところがビデオが普及《ふきゅう》して、ポルノは爆発《ばくはつ》的に広まった。レンタル店で簡単《かんたん》に借りられて、自宅《じたく》で自由に見られるようになった。

さらにケーブルテレビとインターネットがブームに火をつけた。もう人目を気にして、こそこそビデオをもち帰る必要さえない。

この業界があまりにもうかるので、巨大企業《きょだいきぎょう》も乗り出してきた。超《ちょう》大手の通信会社やケーブルテレビ会社がポルノのケーブル配信にかかわっている。これからはポルノ映画《えいが》が映画《えいが》の主流になるのではないかという人さえいる。

## ●「わいせつ」か「表現《ひょうげん》の自由」か

あまりに簡単《かんたん》にポルノが手にはいるので、子どもたちへの悪影響《あくえいきょう》を心配する声もある。それ

### 考えてみよう

ポルノは規制《きせい》したほうがいいと思う?なぜ「表現《ひょうげん》の自由」は守られなければならないか、その自由の大切さについて考えてみよう。

ならポルノを禁止《きんし》すればいいじゃないか、と思うだろう? でもむずかしい問題があるんだ。「表現《ひょうげん》の自由」だ。自由に意見を述《の》べたり、表《ひょう》現《げん》する自由だ。

アメリカでもまさにそれが問題になっている。ブッシュ大統領《だいとうりょう》はポルノ産業に厳《きび》しいことで知られている。かれが大統領《だいとうりょう》になってから、政府《せいふ》は悪趣味《しゅみ》なポルノ映画《えいが》をつくっていた会社の責《せき》任《にん》者を訴《うった》えた。裁判《さいばん》の焦点《しょうてん》はその作品が「わいせつ」かどうか。ポルノなのか、芸術《げいじゅつ》なのか?

裁判《さいばん》に勝つには、作品がわいせつであると証《しょう》明《めい》しなくてはいけない。しかしわいせつの基準《きじゅん》はなんだろう?

時代によって社会の価値《かち》観も変わる。表現《ひょうげん》の自由は守られなければならない。でもそれは、なにを表現《ひょうげん》する自由なんだろう。

# 43

# 2005年、アメリカの防衛費は約5181億ドル。「ならず者国家」7カ国の防衛費総計の36倍

## ●年間１３０兆円もの軍事費が使われている

本書ではここまでに、世界には飢《う》えや貧困《ひんこん》や、格差《かくさ》や病気があることに触《ふ》れてきた。

これほどたくさんの問題を抱《かか》えているのに、いま、世界がいちばんお金を費やしているのは防衛《ぼうえい》費だ。２００５年には1兆１１８０億ドル（１２９兆６８８０万円）ものお金を軍事費に使っている。１分間に２１２万ドル、２億４０００万円が消えていく。

なかでも飛《と》び抜《ぬ》けて多いのがアメリカだ。２００５年のアメリカの防衛《ぼうえい》費は５１８１億ドル。円に換算《かんさん》すると60兆円を超《こ》える。この金額《きんがく》はブッシュ大統領《だいとうりょう》がかつて「ならず者国家」と名指しした7カ国の防衛《ぼうえい》費の36倍以上になる。

ちなみに「ならず者国家」とは、キューバ、イラン、イラク、リビア、北朝鮮《きたちょうせん》、スーダン、

シリア。いま、あるいはかつて、アメリカと対立していた国ぐにだ。そのうち、イラクはアメリカに占領《せんりょう》された。リビアは敵《てき》対《たい》するのをあきらめた。

## 「テロとの戦い」が軍事費を押《お》し上《あ》げる

世界が社会主義《しゅぎ》国と資本主義《しほんしゅぎ》国にわかれてにらみあっていた「冷戦」の時代、1985年には1兆2000億ドルもの気が遠くなりそうなお金が防衛《ぼうえい》費に使われていた。でもたがいに軍《ぐん》縮《しゅく》を約束し、少しずつ軍事費は減《へ》っていた。

ところが2001年からふたたび防衛《ぼうえい》費は増《ふ》えてしまった。今度は「テロとの戦い」が登場してきたからだ。

アメリカは莫大《ばくだい》なお金をつぎこんで、最新兵器を開発している。でも新しい兵器は逆《ぎゃく》にアメリカの首をしめると言う人もいる。なぜなら最新兵器が開発されると、すぐに相手国にも渡《わた》ってしまい、それに対抗《たいこう》するまた新しい兵器をつくらなければならない。アメリカはまるで自分でマッチをすって火をつけ、自分で火を消しているようなものだ。こういうのを〝マッチポンプ〟と言うんだよ。

## ●GDPの2割《わり》を軍事費につぎこむ国もある

こうした軍事拡大《かくだい》にあおられて小さな国も無理をして最新のハイテク兵器をそなえようとする。エリトリアはGDP（国内総《そう》生産）の20%近くを軍事費につぎこんでいた。もっと優先《ゆうせん》しなければいけない問題があるというのに。

テロとの戦いを考えるなら、軍備《ぐんび》を拡大《かくだい》するより、なぜテロリストが怒《おこ》っているかを分析《ぶんせき》し、その解決《かいけつ》に取り組むべきだと主張《しゅちょう》する人もいる。それが平和に向けてのなによりの武《ぶ》器《き》になるというのだが、君はどう思うだろう。

**考えてみよう**

日本の防衛《ぼうえい》費はいくらか調べてみよう。国民1人あたり、どれくらいの負《ふ》担《たん》になるだろうか。自分の国を守るためにはどんな方法があるだろう。

# 44

# 世界にはいまも2700万人の奴隷がいる

## ●昔よりもいまのほうが奴隷《どれい》は多い

黒人奴隷《どれい》を解放《かいほう》したリンカーン大統領《だいとうりょう》の伝記を読んだことはあるだろうか。彼《かれ》が奴隷解放《どれいかいほう》を宣言《せんげん》したのは1862年、いまから100年以上前だ。

ところが、現代《げんだい》にも奴隷《どれい》と呼《よ》ばれる人たちがいる。どこにいるかって？　南極大陸を除《のぞ》くあらゆる大陸にいる。そして現代《げんだい》ほど奴隷《どれい》が多い時代はない。

奴隷制《どれいせい》に反対する団体《だんたい》によると、奴隷《どれい》の数は約２７００万人。農場や工場で働かされたり、危険《きけん》な仕事や売春、ポルノ産業に従事《じゅうじ》させられている。

## ●親子代々、奴隷《どれい》という人もいる

奴隷《どれい》にさせられているのはどういう人たちだろう？

いちばん多いのは借金奴隷《どれい》だ。世界で約２０００万人が、多額《たがく》の借金を負わされて、働かされている。利子がものすごく高くて、給料はほんのわずかだから、いくら働いても借金は増《ふ》える一方。親が返しきれなくて、その子どもまで奴隷《どれい》にさせられる例もある。

もうひとつの奴隷《どれい》は強制《きょうせい》労働だ。かせぎのいい仕事があるからとだまして、大都会や外国につれていき、逃《に》げられないようにして奴隷《どれい》にしてしまうんだ。

アラブ首長国連邦《れんぽう》でラクダレースの騎手《きしゅ》をさせられていた少年は、4歳《さい》のとき、バングラデシュからさらわれてきた。体重を軽くするため、食事も水もほとんど与《あた》えられなかったという。

## ●奴隷《どれい》は1人1万円強で売り買いされている

かつて、アメリカ南部の農園で、アフリカからつれてこられた黒人たちが奴隷《どれい》として働かされていた。かれらはいまの奴隷《どれい》よりはよかったかもしれない。人が物のように売り買いされるのだから、よくはないけれど、当時の奴隷《どれい》は、いまのお金に換算《かんさん》すると、1人4万ドル（464万円）もしたので、病気になれば治療《ちりょう》するなど大切にあつかわれていたんだ。

でもいまは、奴隷《どれい》の平均《へいきん》価格《かかく》はわずか90ドル（1万円強）。安く売り買いされ、使《つか》い捨《す》てにされている。

国際《こくさい》社会が協力して、奴隷《どれい》を許《ゆる》さない世の中をつくりあげていかなければならない。みんなが自由にならない限《かぎ》り、だれも自由ではないのだから。

**考えてみよう！**

奴隷制《どれいせい》が廃止《はいし》されてきた歴史について調べてみよう。

# 45

# アメリカ人が捨てるプラスチック・ボトルは1時間に250万本。並べると、3週間で月に達する

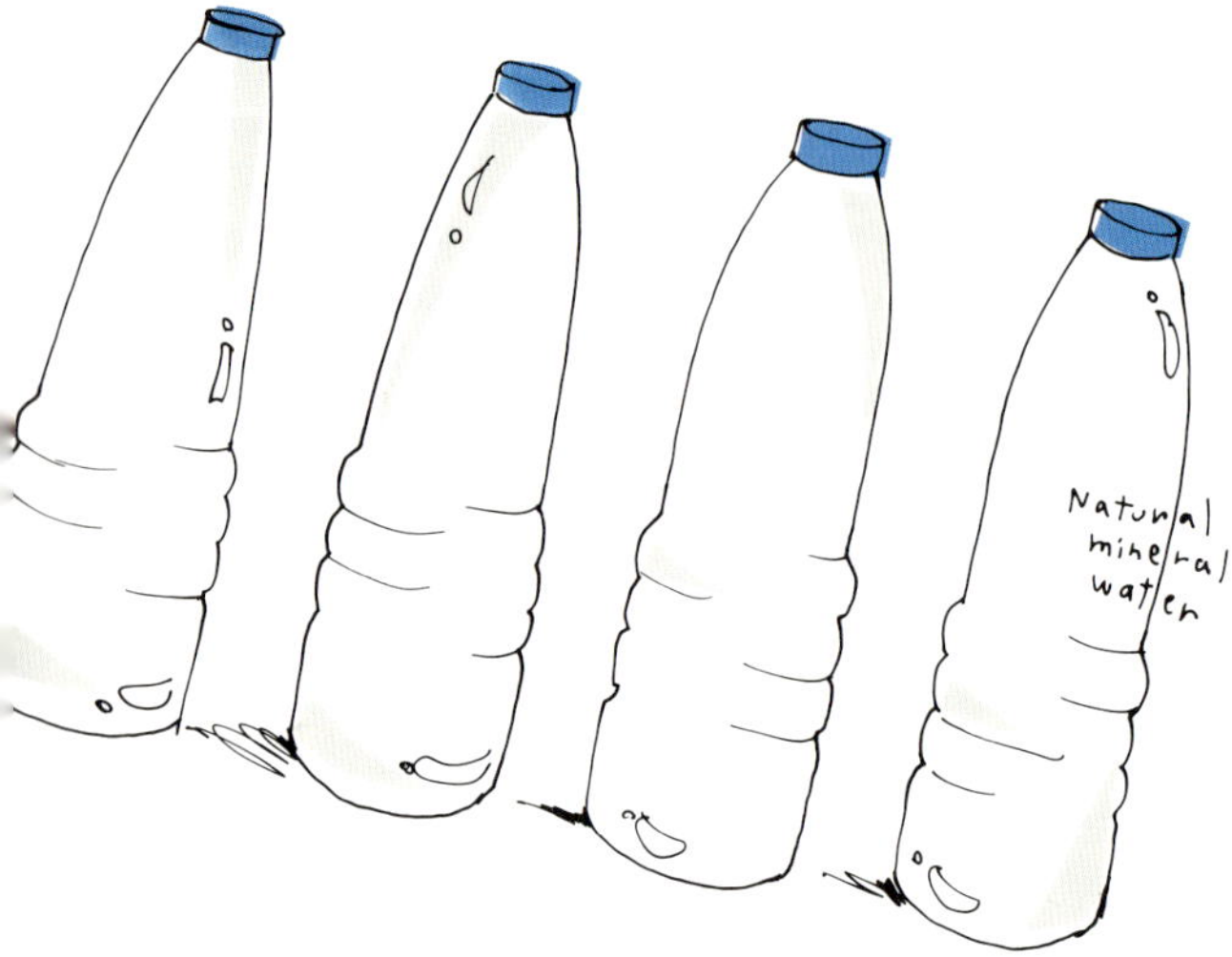


## ●テキサス州と同じ面積の包装《ほうそう》材がつくられる

君たちの家ではゴミを分別して捨《す》てているよね。最近はリサイクルするゴミも増《ふ》えている。先進国は、人間が出すゴミでパンク寸前《すんぜん》になっているんだ。ゴミを減《へ》らすか、リサイクルしないと、たいへんなことになってしまう。

たとえばイギリスの家庭ゴミは、1時間あたり、大きなホールをいっぱいにできるくらい出る。アメリカ

では、ゴミの3分の1はラップやカップ、ビニール袋《ぶくろ》などの包装《ほうそう》材だ。アメリカで1年間につくられる包装《ほうそう》用のラップ材は、テキサス州と同じ面積になる。

また、オフィスで1年間に使われる紙は、高さ4メートルの壁《かべ》をロサンゼルスからニューヨークまで築《きず》けるほどの量だ。そして捨《す》てられたアルミ缶《かん》3カ月分で、アメリカの民間航空機すべてをつくってしまえる。なんともすごいゴミの量だよね。

## ●リサイクルを増《ふ》やして、ゴミを減《へ》らす

ゴミ問題が深刻《しんこく》なのは先進国だけじゃない。中国では毎年450億組の箸《はし》を捨《す》てている。そのために木が1年間に2500万本も切《き》り倒《たお》されているんだ。

世界の人口は爆発《ばくはつ》的に増《ふ》えている。ゴミもものすごい勢《いきお》いで増《ふ》えている。アメリカにはゴミを捨《す》てるのにあと18年分の埋立《うめたて》地しかない。世界自然保護基金《ほごききん》によ

ると、もし世界中の人が先進国なみにゴミを捨《す》てたら、地球二つ分が埋《う》め立《た》てられる量になるという。

ゴミは、埋《う》めるにせよ、燃《も》やすにせよ、環境《かんきょう》を汚染《おせん》してしまう。ゴミを燃《も》やした煙《けむり》にはダイオキシンという有害な物質《ぶっしつ》が含《ふく》まれていて、発ガン性《せい》が高いと言われている。

ではどうしたらゴミ問題を解決《かいけつ》できるのだろうか？　まずは買い物や消費を減《へ》らして、リサイクルを増《ふ》やすことだ。スイスでは家庭ゴミの56％を再生《さいせい》している。オーストリアやドイツ、オランダではリサイクル率《りつ》が45％を超《こ》えている。

君たちも今度買い物に出かけたら、ゴミのゆくえを思《おも》い浮《う》かべてみよう。

**考えてみよう**

君が一日に出すゴミは、どのくらいの量だろう？　君たちの住む町でおこなっているリサイクルについても調べてみよう。

46

# ロンドンの住民は、監視カメラで1日300回撮影される

## ●あらゆるところに設置《せっち》される監視《かんし》カメラ

イギリスに旅行にいったとしよう。君はどの街でもだれかに監視《かんし》されることになる。

じつはイギリスでは、300万台近い有線テレビカメラ（CCTV）が街を見張《みは》っている。これは世界のCCTVの10％にあたる。イギリス人は、世界で最も頻繁《ひんぱん》に監視《かんし》されているんだ。

ロンドン市民は30以上のCCTV網《もう》によって、1日に300回以上も撮影《さつえい》される。地下鉄にも数千ものカメラが配備《はいび》されていて、ウォータールー駅だけで250台が設置《せっち》されているらしい。

家庭用の簡易《かんい》CCTVキットも約100ポンド（約2万円）で買うことができる。小さな無線カメラを設置《せっち》するだけで、ガレージを撮影《さつえい》して見張《みは》ることも、ベビーシッターの行動を監視《かんし》することも、だれでも手軽にできてしまう。

## ●どこまで個人《こじん》のプライバシーを守れるか

CCTVは、もともとはテロ対策《たいさく》だったものが、落書き、ゴミ捨《す》て、立ち小便の監視《かんし》にまで用いられるようになった。路上犯罪《はんざい》を抑止《よくし》できると言われるのだが、その効果《こうか》を疑《うたが》う声もある。

そもそも犯罪《はんざい》がカメラを避《さ》けておこなわれればわからないし、人間がいつも画像《がぞう》を監視《かんし》するのは無理だ。CCTVの画像《がぞう》はセンターに送られるが、たいていの人は、20分ほどモニターを見ているだけで眠《ねむ》くなったり、注意力ががくんと落ちてしまう。

それでもイギリス政府《せいふ》は、9・11同時多発テロ以降《いこう》、国民への監視《かんし》を強めている。個人《こじん》データやインターネット、通信などの情報《じょうほう》までが見張《みは》られている。

いちばんおそろしいのは、「自分たちの安全のためだから、監視《かんし》されてもやむをえない」という考え方が人びとの心に染《し》みついてしまうことだ。

個人《こじん》のプライバシーは基本《きほん》的な人権《じんけん》だ。それがちゃんと守られるように、もっと注意したほうがいい。

**考えてみよう**

監視《かんし》カメラがいつも君を見《み》張《は》っているとしたら、君はどう思う？　監視《かんし》カメラはどこまでが許《ゆる》されるだろう？

47

# 毎年、西欧向けに人身売買される女性は12万人

## ●だまされて売られていく女性《じょせい》たち

君が発展途上《はってんとじょう》国に住んでいて、とても貧《まず》しかったとする。もし誰《だれ》かから「豊《ゆた》かな先進国に行かないか？　いい仕事を紹介《しょうかい》しよう」と誘《さそ》われたら、すぐにその話にとびつくよね。でも、先進国に着いたとたんに売りとばされ、奴隷《どれい》のように売春の仕事をやらされる。

給料は「密入国《みつにゅうこく》の費用だ」といってとりあげられ、警察《けいさつ》に逮捕《たいほ》されれば強制送還《きょうせいそうかん》されてしまう。故郷《こきょう》に帰っても人びとから白

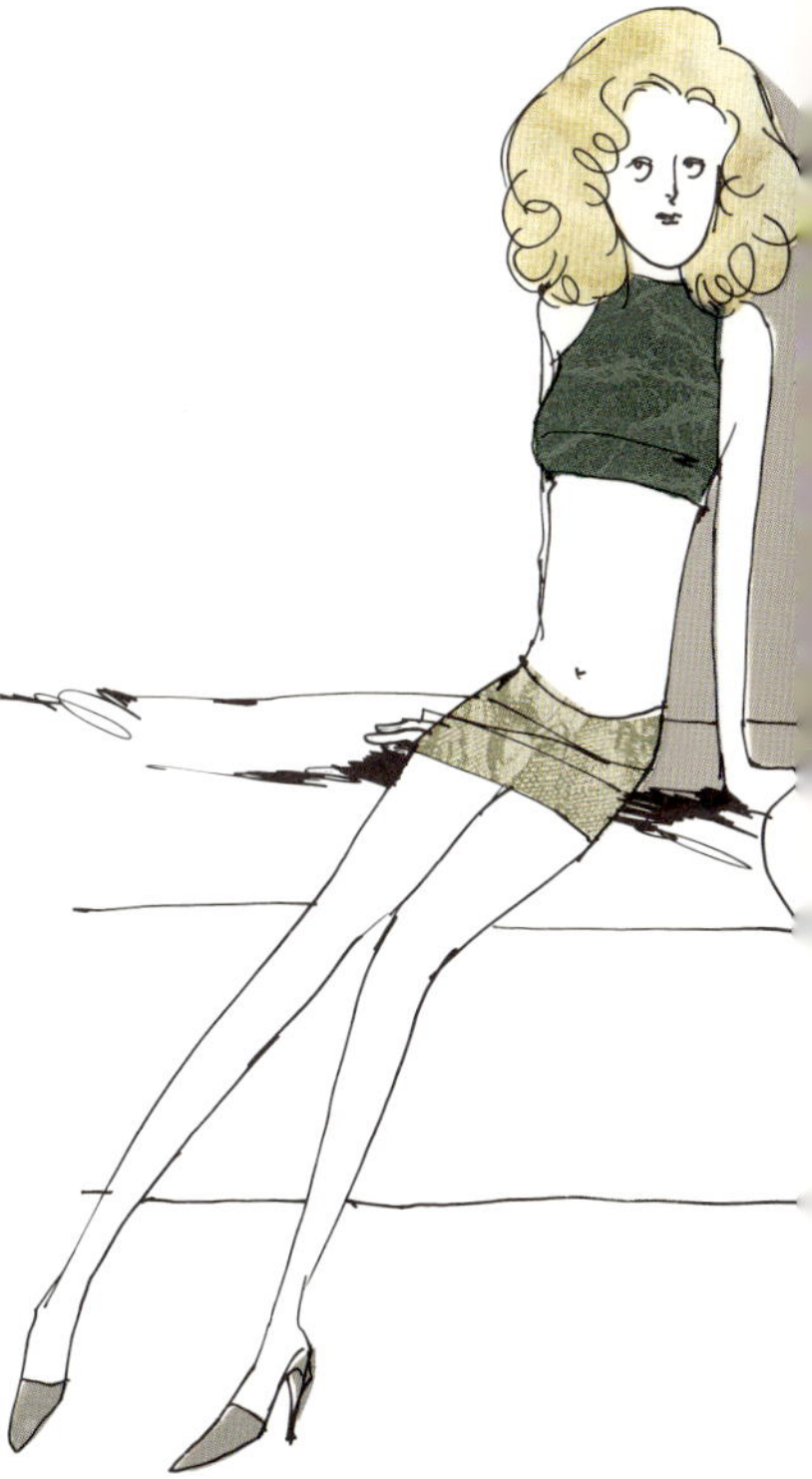

い目で見られ、つらい思いをしなければならない……女性《じょせい》の人身売買はこんなふうにしておこっている。

いまでも、年間に約12万人の女性《じょせい》が西《せい》欧《おう》に人身売買されている。その多くは旧《きゅう》ソビエト連邦諸国《れんぼうしょこく》や東欧《とうおう》の出身だ。アフリカ、アジア、南米から送られてくる女《じょ》性《せい》もいる。日本でもフィリピンの若《わか》い女性《じょせい》が「エンターテイナー」という資格《しかく》で入国し、奴隷《どれい》同然に働かされている。

## ●恐《おそ》るべき犯罪《はんざい》ネットワーク

女性《じょせい》を売買する取引業者は、巨大《きょだい》な犯罪《はんざい》ネットワークをつくりあげている。

まずは女性《じょせい》たちを誘《さそ》う職業紹介《しょくぎょうしょうかい》所がある。そしてパスポート偽造《ぎぞう》業者、密入国《みつにゅうこく》のための輸《ゆ》送《そう》業者がいて、新人女性《じょせい》の品定めをする場所、女性《じょせい》たちを閉《と》じこめておく建物があり、インターネットで客を集め、売春施設《しせつ》に送る。もはや一大産業といっていい。

この人身売買産業で、年間70億ドル（8120億円）が動く。同じようなネットワークが世

界各地にあるんだ。

## ●被《ひ》害《がい》にあった女性《じょせい》たちのケア

国連は2000年に「女性《じょせい》や子どもの人身売買を取りしまり、罰《ばっ》する」ための議定書を採択《さいたく》した。この議定書は、人身売買を禁止《きんし》する法律《ほうりつ》や、被害《ひがい》にあった女性《じょせい》たちの保護《ほご》を各国に求めるものだ。

被害《ひがい》者の女性《じょせい》のほとんどは、不法入国者としてすぐに国外追放になる。でもそれでは女性《じょせい》が受けた心身の傷《きず》はまったくケアされない。〝犯罪《はんざい》の証人《しょうにん》〟を失うことにもなる。

イタリアでは証人保護《しょうにんほご》法という法律《ほうりつ》をつくって、被害《ひがい》者に6カ月のビザを与《あた》え、カウンセリングを受けさせている。おかげで人身売買を告発する起訴《きそ》件数《けんすう》は4倍に増《ふ》えた。

アメリカも臨時《りんじ》のビザを出し、裁判《さいばん》がつづく間、女性《じょせい》たちがアメリカに滞在《たいざい》し、裁判《さいばん》で証言《しょうげん》できるようにした。犯罪《はんざい》の取りしまりに向けて、少しずつ前進している。

**考えてみよう**

日本にも、同じような社会問題がおきている。問題の背景《はいけい》になにがあるんだろう? 女《じょ》性《せい》の人身売買といった犯罪《はんざい》がおきないようにするために、どうすればいいだろう?

# 48

# イギリスで売られるニュージーランド産キウイは、その重量の5倍の温室効果ガスを排出している

## ●キウイの2万キロの旅

スーパーマーケットは不思議の国だよね。真冬なのに、トマトやキュウリが並《なら》んでいる。国内では獲《と》れない外国の食材も手に入る。ニュージーランド産のキウイは、イギリスまではるばる2万キロの道のりを、飛行機やトラックを乗《の》り継《つ》いで旅してくる。

食糧貿易《しょくりょうぼうえき》は、かつてないほどさ

かんになっている。イギリスでは、食糧《しょくりょう》品は、トラックや鉄道を使って運ばれる貨物全体の40％を占《し》めるようになった。遠くへ運ばれるほど、当然、石油の消費量も増《ふ》える。

石油を消費すると、地球温暖《おんだん》化をもたらす温室効果《こうか》ガスというのが排出《はいしゅつ》される。ニュージーランド産のキウイがロンドンのスーパーの店先に並《なら》ぶまでに、キウイの重さの5倍の温室効果《こうか》ガスが出る。

アメリカの西海岸からイギリスにレタス1キログラムを運ぶのに、100ワットの電球を8日間も灯しつづけられるエネルギーが使われているんだ。

## ●食糧《しょくりょう》品の輸入《ゆにゅう》は地球温暖《おんだん》化につながる

スーパーマーケットは、「お客が安くて便利な食品を求めているから、安い食品を調達している」と主張《しゅちょう》する。でも、ほんとうに輸入《ゆにゅう》食品は安いのだろうか。

ある食品組合の調査《ちょうさ》によると、つくった作物を農家が直接販売《ちょくせつはんばい》すると、スーパーよりも平均《へいきん》して30〜40％も安くなるという。

ある程度《ていど》の輸入《ゆにゅう》はしかたないけれど、飛行機を使うと、費用も環境《かんきょう》への影響《えいきょう》もばかにならない。船による輸送《ゆそう》なら、温室効果《こうか》ガスの排出《はいしゅつ》量もわずか60分の1だ。

真冬にエンドウ豆を食べるか、それとも栄養豊《ゆた》かな旬《しゅん》の食材を、おいしく料理して食べるか。君ならどちらを選ぶ？

かしこく選ぶことが、環境《かんきょう》問題の取り組みにつながるんだ。

**考えてみよう**

「スローフード」運動が注目されている。どんな運動か調べてみよう。スーパーに並《なら》ぶ生鮮《せいせん》食品はどこから来ているか、調べてみよう。

# 49

# アメリカは国連に10億ドル以上の未払い金がある

## ●国連はお金がたりなくて困《こま》っている

国連はさまざまな活動をしている。総会《そうかい》や安全保《あんぜんほ》障《しょう》委員会を開くなど国連自体の仕事もある。平和維《い》持《じ》活動もしている。これはPKOという言葉で聞いたことがあるだろうか。そのほかに、世界保《ほ》健《けん》機《き》関《かん》（WHO）や国際《こくさい》連合児童基《き》金《きん》（ユニセフ）といった下《か》部《ぶ》組《そ》織《しき》もたくさんある。

こうした国連全体を運営《うんえい》するのに年間約200億ドル（2兆3200億円）かかる。世界の軍事費たった7日分だ。世界の人口1人あたりだと約3ドル（348円）だね。

それなのに、国連はもう20年以上も、お金が足りなくて、財政危《ざいせいき》機《き》におちいっている。加盟国《かめいこく》が分担《ぶんたん》金をなかなか納《おさ》めないからだ。

2006年12月末現在《げんざい》、各国が支《し》払《はら》っていない滞納《たいのう》金の総額《そうがく》は23億3500万ドル。そのうち10億ドルを滞納《たいのう》しているのは、国連本部のあるアメリカだ。

## ●支《し》払《はら》いを先延《の》ばしにする国ぐに

滞納《たいのう》しているのはアメリカだけじゃない。通常《つうじょう》予算だけでいうと、2006年の10月末までに分担《ぶんたん》金の全額《ぜんがく》を納《おさ》めたのは加盟国《かめいこく》192カ国のうち122カ国。滞納《たいのう》金の95%は、アメリカ、日本、ブラジル、アルゼンチンの4カ国で占《し》めた。2006年の年末になって、全額納《ぜんがくおさ》めた国は140カ国に増《ふ》えたけれど、みなぎりぎりに支《し》払《はら》っている。こうした滞納《たいのう》や遅延《ちえん》で、国連は深刻《しんこく》な打撃《だげき》を受けているんだ。

## ●アメリカの国民は未払《みばら》い金は全部払《はら》うべきだと考えている

アメリカ議会は1999年に、国連に対する未《み》納金《のうきん》のかなりの部分を支払《しはら》うという法律《ほうりつ》を可《か》決《けつ》した。おかげで、国連の財務状態《ざいむじょうたい》はかなり回復《かいふく》したけれど、それでもアメリカの滞納《たいのう》金は、まだ10億ドルもある。アメリカは、国連が自分たちの言うとおりに動かないからといって、支《し》払《はら》いをとめてしまうからだ。

ある調査《ちょうさ》では、アメリカ国民の60%以上が、アメリカは国連に滞納《たいのう》金をすべて支払《しはら》うべきだと答えた。アメリカの負《ふ》担額《たんがく》が世界最大であることも、56%が公正だと答えた。あとは指導《しどう》者が、支払《しはら》いを認《みと》めるだけなのだけれど。

**考えてみよう**

国連はどんなしくみで、どのような活動をしているのだろう？　国連の役割《やくわり》について調べてみよう。

# 50

# 貧困家庭の子どもは、豊かな家庭の子どもにくらべて、3倍も精神病にかかりやすい

## ●貧《まず》しい子どもたちの厳《きび》しい現実《げんじつ》

イギリスは世界で4番目にお金もちの国だ。それなのに、先進国のなかで、貧《まず》しい子どもの割合《わりあい》がいちばん多い。イギリスでは400万人近い子どもたち、つまり3人に1人はものすごく貧《まず》しい生活をしている。そうした貧《まず》しい子どもの数は、1970年とくらべて3倍に増《ふ》えた。

　貧《まず》しい家庭に生まれた子どもは、豊《ゆた》かな家庭の子どもたちにくらべて、生後1週間で死ぬ確率《かくりつ》も、子ども時代に事故《じこ》にあって死ぬ確率《かくりつ》も高く、寿命《じゅみょう》も短い。おまけに、最も貧《まず》しい家庭の子どもたちは、最も

豊《ゆた》かな家庭に育った子どもたちにくらべて、精神病《せいしんびょう》にかかる確率《かくりつ》が3倍も高いんだ。

イギリス統計《とうけい》局によると、1週間の収入《しゅうにゅう》が100ポンド（約2万円）未満の家庭にくらす子どものうち16％が、精神《せいしん》的に問題を抱《かか》えている。一方、週給500ポンド以上の家庭では6％ていどだ。

## ●貧乏《びんぼう》な人はいつまでも貧乏《びんぼう》な社会のしくみ

日あたりが悪くてじめじめした住まい。夏休みもどこにも旅行に行かず、家族で食事に出かけることもない。

そんな貧《まず》しい環境《かんきょう》で大きくなった子どもたちは、進学もむずかしい。進学できなければ仕事も満足に見つからず、見つかっても賃金《ちんぎん》は低い。ずっと貧《まず》しいままだ。

すると、お金もちとそうではない人との間には大きな所得格差《かくさ》が生まれるよね。

イギリスの所得格差《かくさ》は、1990年代に大きく広がり、いまでは1977年の2倍になった。お金もちはよりお金もちに、貧乏《びんぼう》な人はより貧乏《びんぼう》になったんだ。貧《まず》しい家庭に生まれた子どもは、一生貧《まず》しいという社会のしくみができあがってしまっている。

イギリス政府《せいふ》もようやく貧《まず》しい子どもたちの問題に取り組みはじめた。もし子どもの貧困《ひんこん》問題が解決《かいけつ》できたら、年間に15歳《さい》未満の子ども1400人の命が救われる。

しかしほんとうに貧《まず》しさから子どもたちを救うためには、社会のしくみそのものを変えるくらい、大きな発想の転換《てんかん》も必要だろう。

**考えてみよう**

日本にも所得格差《かくさ》はあるだろうか。所得格差《かくさ》にはどんな問題があるだろう。お金が平等に行きわたるには、どうしたらいいだろうか。

**47** 毎年、西欧向けに人身売買される女性は12万人

IOM, "Victims Trafficking in the Balkans", January 2002;
www.iom.int/documents/publication/en/azerbaijan_report.pdf

**48** イギリスで売られるニュージーランド産キウイは、その重量の5倍の温室効果ガスを排出している

"A Free Ride for Freight", *Financial Times*, 21 November 2000

**49** アメリカは国連に10億ドル以上の未払い金がある

www.globalpolicy.org/finance/tables/core/un-us-06.htm

**50** 貧困家庭の子どもは、豊かな家庭の子どもにくらべて、3倍も精神病にかかりやすい

www.statistics.gov.uk/downloads/theme_health/KidsMentalHealth.pdf

## 世界を知るための日本語のサイト

【外務省】www.mofa.go.jp/mofaj/
【キッズ外務省】www.mofa.go.jp/mofaj/world/index.html
【厚生労働省】www.mhlw.go.jp/
【防衛省】www.mod.go.jp/

【国際連合広報センター】www.unic.or.jp/
【国連キッズ】www.unic.or.jp/kids.htm
【国連難民高等弁務官事務所UNHCR】www.unhcr.or.jp/
【世界銀行東京事務所】web.worldbank.org/japan/jp
【世界保健機関WHO】www.who.or.jp/indexj.html
【国連世界食糧計画WFP】www.wfp.or.jp/index.php
【国連食糧農業機関FAO】www.fao.or.jp/
【国際労働機関ILO】www.ilo.org/public/japanese/region/asro/tokyo/
【国際通貨基金IMF】www.imf.org/external/oap/jpn/indexj.htm
【国際移住機関IOM】www.iomjapan.org/
【国連人口基金UNFPA】www.unfpa.or.jp/
【国連開発計画UND】www.undp.or.jp/
【日本ユニセフ協会UNICEF】www.unicef.or.jp/
【ユニセフ子どもの広場】www.unicef.or.jp/kodomo/index.htm
【日本ユネスコ協会連盟UNESCO】www.unesco.or.jp/

【経済協力開発機構OECD】www.oecdtokyo.org/index.html
【アムネスティ・インターナショナル】www.amnesty.or.jp/
【ヒューマンライツ・ナウ】www.ngo-hrn.org/
【地雷廃絶日本キャンペーン】www.jcbl-ngo.org/
【日本赤十字社】www.jrc.or.jp/
【国境なき医師団】www.msf.or.jp/index.php
【オックスファム・ジャパン】www.oxfam.jp/
【スローフード・ジャパン】www.slowfoodjapan.net/index.html

**31** 世界の喫煙者の82%は発展途上国の国民
Worldwatch Institute, *Vital Signs* 2003

**32** 世界の人口の70%以上は電話を使ったことがない
www.un.org/ga/president/57/pages/speeches/statement030517-Telecommunication.htm

**33** 近年の武力紛争の4分の1は天然資源がらみ
Worldwatch Institute, *Vital Signs* 2003

**34** アフリカのHIV陽性患者は約2500万人
www.worldbank.org/afr/aids/

**35** 毎年、10の言語が消滅している
portal.unesco.org/culture/en/ev.php-
URL_ID=8270&URL_DO=DO_TOPIC&URL_SECTION=201.html

**36** 武力紛争による死者よりも自殺者のほうが多い
www.who.int/mental_health/prevention/suicide/suicideprevent/en/

**37** アメリカで、銃をもって登校し退学になる生徒の数は、平均して週に88人
www.bradycampaign.org/facts/issues/?page=kids

**38** 世界には「良心の囚人」が少なくとも30万人いる
Author's conversation with Neil Durkin of Amnesty International

**39** 毎年、200万人の女性が性器切除される
www.who.int/mediacentre/factsheets/fs241/en/

**40** 世界中の紛争地帯で戦う子ども兵は30万人
hrw.org/campaigns/crp/index.htm

**41** イギリスでは総選挙の投票者数よりも、テレビ番組でアイドル選びに投票した人のほうが多い
www.itouch.co.uk/news/index.php?body=20030806a ;
www.electoralcommission.org.uk/templates/search/document.cfm/6188

**42** アメリカのポルノ産業の規模は年間100億ドル。海外援助額と同じである
www.guardian.co.uk/usa/story/0,12271,947880,00.html ;
www.oecd.org/dataoecd/42/30/1860571.gif

**43** 2005年、アメリカの防衛費は約5181億ドル。「ならず者国家」7カ国の防衛費総計の36倍
https://www.cia.gov/cia/publications/factbook/rankorder/2067rank.html

**44** 世界にはいまも2700万人の奴隷がいる
www.antislavery.org/archive/press/pressRelease2002-festivalofflight.htm

**45** アメリカ人が捨てるプラスチック・ボトルは1時間に250万本。並べると、3週間で月に達する
www.eco-action.net/id87.htm

**46** ロンドンの住民は、監視カメラで1日300回撮影される
Michael McCahill and Clive Norris, "CCTV in London", Working Paper no.6, Urban Eye project, June 2002; www.urbaneye.net/results/ue_wp6.pdf

**16** タイガー・ウッズが帽子をかぶって得るスポンサー料は、1日あたり5万5000ドル。その帽子を作る工場労働者の年収38年分
*Forbes* magazine Celebrity 100 List 2003;
members.forbes.com/forbes/2006/0703/131.html（2006年版）

**17** アメリカで摂食障害を患っている女性は700万人、男性は100万人
www.anad.org/site/anadweb/content.php?type=1&id=6982

**18** イギリスの15歳の約半数はドラッグ体験がある
www.dh.gov.uk/en/Publicationsandstatistics/Pressreleases/DH_4047367

**19** ワシントンDCで働くロビイストは6万7000人。連邦議員1人に対し125人
usinfo.state.gov/journals/itps/0796/ijpe/pj9lobby.htm

**20** 自動車は毎分、2人を殺している
World Road Associaton/Global Road Safety Partnership/Department for International Development, "Keep Death Off Your Roads" April 2003

**21** 1977年以降、北米の中絶病院では8万件近い暴力事件や騒乱がおきている
www.prochoice.org/about_abortion/violence/violence_statistics.html

**22** マクドナルドの黄色いMのマークがわかる人は88%、キリスト教の十字架はたった54%
"A Sign of the Times as Big Mac Becomes an Arch Rival of the Cross", *Daily Mail*, 20 July 1995
イギリス、ドイツ、アメリカ、インド、日本、オーストラリアでおこなった調査による。

**23** ケニアでは家計の3分の1がわいろに使われる
Transparency International, Kenyan Urban Bribery Index, January 2001;
www.transparency.org/cpi

**24** 世界の違法ドラッグの市場規模は4000億ドル。製薬市場とほぼ同じ
www.un.org/News/Press/docs/1998/19980608.gasm45.html ;
www.worldpharmaceuticals.net/marketresources/index.html

**25** アメリカ人の3人に1人は、エイリアンがすでに地球に来ていると信じている
National Science Foundation, "Science and Engineering Indicators 2002" Chapter 7

**26** 拷問は150カ国以上でおこなわれている
web.amnesty.org/pages/stoptorture-manual-index-eng

**27** 世界では7人に1人が日々飢えている
www.wfp.org/aboutwfp/facts/hunger_facts.asp

**28** アメリカで生まれる黒人の男の子の3人に1人は刑務所に送られる
www.ojp.usdoj.gov/bjs/abstract/piusp01.htm

**29** 世界で3人に1人は戦時下にくらしている
Armed Conflict Report 2006, Project Ploughshares;
www.ploughshares.ca/libraries/ACRText/ACR-TitlePageRev.htm

**30** 2040年に原油は枯れてしまうかもしれない
Colin Campbell and Jean H. Lahèrre, "The End of Cheap Oil", *Scientific American*, March 1998;
dieoff.org/page140.htm

# 典拠資料


1 日本女性の平均寿命は85歳。ボツワナ人の平均寿命は34歳
www.usaid.gov/press/releases/2002/pr020708.html ;
www.mhlw.go.jp/toukei/saikin/hw/life/20th/index.html ;
https://www.cia.gov/cia/publications/factbook/rankorder/2102rank.html

2 肥満の人の3人に1人は発展途上国に住んでいる
www.who.int/nutrition/topics/obesity/en/

3 先進国で最も妊娠率が高いのは、アメリカとイギリスの十代
UNICEF, "A League Table of Teenage Births in Rich Nations", Innocenti Report Card no.3, July 2001, www.unicef-icdc.org/publications/pdf/repcard3e.pdf

4 中国では4400万人の女の子が生まれてこなかった
Amartya Sen, "Many Faces of Gender Inequality" *The Hindu*, 27 October 2001, www.un.org.in/media/18220040fnln.htm

5 ブラジルには軍人よりも化粧品の訪問販売員のほうがたくさんいる
www.br.avon.com/PRSuite/info/aboutHistory.jsp ;
www.nationmaster.com/country/br-brazil/mil-military

6 世界の死刑執行の81%はわずか3カ国に集中している。中国、イラン、アメリカである
web.amnesty.org/pages/deathpenalty_facts_eng

7 イギリスのスーパーマーケットは政府よりもたくさんの個人情報をもっている
Author's interview with customer forecaster for a British supermarket, 30 September 2003

8 EUの牛は1日2.5ドルの助成金を受け取る。1年貯めると世界旅行ができる
"Cows can fly upper class on common agricultural fare", *Guardian*, 25 September 2002, www.guardian.co.uk/country/article/0,2763,798597,00.html

9 同性愛は70カ国以上で違法、9カ国で死刑になる
www.ilga.info/Information/Legal_survey/ilga_world_legal_survey%20introduction.htm

10 世界の5人に1人は1日1ドル未満でくらしている
www.undp.org.tr/publicationsDocuments/HDR05_complete.pdf

11 ロシアで夫や恋人に殺される女性は、毎年1万2000人以上
www.rferl.org/features/2001/03/07032001120749.asp

12 2006年、なんらかの形成外科手術を受けたアメリカ人は1620万人
www.plasticsurgery.org/media/statistics/2006-Statistics.cfm

13 地雷によって、毎時間1人は死傷している
www.landmines.org.uk/325.php

14 インドでは4400万人の子どもが働かされている
www.csmonitor.com/2006/1010/p07s02-wosc.html

15 先進国の国民は、1年間に7キロの食品添加物を食べている
Erik Millstone and Tim Lange, *The Atlas of Food* (London: Earthscan, 2003)

# 世界のおもな国ぐに

この本に登場した国はどこにあるかな？
さがしてみよう。

● OPEC 加盟国（石油輸出国機構：Organization of the Petroleum Exporting Countries）

アラブ首長国連邦（UAE）、アルジェリア、アンゴラ、イラク、イラン、インドネシア、カタール、クウェート、サウジアラビア、ナイジェリア、ベネズエラ、リビア（12カ国）

● **EU 加盟国**（欧州連合：European Union）

アイルランド、イギリス、イタリア、エストニア、オーストリア、オランダ、キプロス、ギリシャ、スウェーデン、スペイン、スロバキア、スロベニア、チェコ、デンマーク、ドイツ、ハンガリー、フィンランド、フランス、ブルガリア、ベルギー、ポーランド、ポルトガル、マルタ、ラトビア、リトアニア、ルーマニア、ルクセンブルク（27 カ国）

**みんなで考えよう　世界を見る目が変わる50の事実**



2007年5月1日　第1刷発行
2007年5月24日　第2刷発行

著　　者　ジェシカ・ウィリアムズ
訳　　者　酒井泰介
編集協力　辻 由美子
装幀・本文デザイン　守屋一於（オードリー・ザ・デザイン）
イラストレーション　朝倉めぐみ
発 行 者　木谷東男
発 行 所　株式会社草思社
〒151-0051　東京都渋谷区千駄ヶ谷2-33-8
電　話　営業03(3470)6565　編集03(3470)6566
振　替　00170-9-23552
印　　刷　株式会社精興社
製　　本　加藤製本株式会社

Printed in Japan
ISBN978-4-7942-1588-8